COSTANZA CAVALLI

FUOCO VERDE

Ildegarda di Bingen, donna del mistero

SAN PAOLO

Piazza Soncino, 5 - 20092 Cinisello Balsamo (Milano)
www.edizionisanpaolo.it
Distribuzione: Diffusione San Paolo s.r.l.
Piazza Soncino, 5 - 20092 Cinisello Balsamo (Milano)

Via Giotto, 36 - 20145 Milano
www.famigliacristiana.it

Allegato a Famiglia Cristiana di questa settimana
Direttore responsabile: Antonio Sciortino
Settimanale registrato presso il Tribunale di Alba il 7/9/1949 n. 5
P.I. SPA - S.A.P. - D.L. 353/2003 L. 27/02/04 N. 46 - a.1 c.1 DCB/CN

Progetto grafico e realizzazione editoriale: studio pym / Milano

ISBN 978-88-215-9845-6

Non conosciamo mai la nostra altezza
Finché non siamo chiamati ad alzarci.
E se siamo fedeli al nostro compito
Arriva al cielo la nostra statura.

Emily Dickinson

PROLOGO

Ho vissuto in tempi interessanti e in luoghi interessanti. E con una sorella ancora più interessante. Ma mentre i tempi interessanti li ho vissuti e nei luoghi interessanti ci sono stata, per capire chi è mia sorella c'è voluto del tempo.

È successo ieri notte. Dopo più di quarant'anni in cui sono stata al suo fianco, qui a San Ruperto, e l'ho ascoltata parlare, e l'ho aspettata ore e ore in cappella, e ho consumato i pasti con lei, e con lei ho lavorato, ieri notte, finalmente, ho trovato Ildegarda. E ho capito che la cercavo, perché tutti gli anni prima di ieri notte sono passati come se lei non ci fosse stata; eppure in tutte quelle infinite ore ha occupato spazio, il mio orizzonte. Ma io vedevo quello che non era, e non vedevo quello che era. Che rivelazione, come una conversione, come un'altra chiamata di Dio.

Ieri notte c'era la luna e faceva caldo, il mio giaciglio e i panni li avevo rovesciati da una parte pensando che il nudo legno mi avrebbe dato refrigerio e sonno, ma niente, non c'è stato verso e così ero salita fin sul terrazzo che guarda la collina. Sentivo correre le acque della Nahe, ne potevo scorgere anche la luminescenza che rimbalzava dalle stelle. Sono salita lentamente, a piedi nudi, e ho visto una figura. Era Ildegarda che guardava fuori. Stavo alle sue spalle e non pareva avermi sentita: era ritta, in tutta l'altezza che l'aveva fatta bella in questi anni. Ma solo per metà, perché l'altra mezza bellezza erano gli occhi. Non perché azzurri, ma per il loro strano taglio, tondi in mezzo, a goccia ai margini e con una piega leggermente all'ingiù negli angoli esterni, che toglieva di mezzo qualunque sensualità, e aveva piuttosto inoculato loro una leggerezza e insieme una malinconia, come di pensiero mai abbastanza pensato.

Era ferma, zitta, e si teneva la testa con le mani.

Mi chiamo Clementia, sono la nona di dieci figli. Ildegarda è l'ultima nata, nell'estate del 1098: ha sedici mesi meno di me. Nostro padre si chiamava Ildeberto, nobile signore di Bermersheim e Niederhosenbach, nostra madre Matilde, originaria della fortezza di Merxheim, nella valle del fiume Nahe. I nostri fratelli erano Ugo, Drutwin, Odilia, Irmingarda, Giuditta, Rorico. Di altri due so che ci sono stati perché, parlando di Ildegarda, mio padre a volte diceva "la decima": così ho provato a chiedere di loro, ma ogni volta nostra madre ha distolto lo sguardo, ed è rimasta zitta. Otto o dieci che fossimo, ci ha dati alla luce a Bermersheim, vicino ad Alzey, nella regione dell'Assia Renana, sotto l'episcopato di Magonza, durante il papato di Urbano II, al tempo in cui Enrico IV regnava sul Sacro Romano Impero.

Il castello della nostra famiglia è stato costruito in mezzo a campi fertili per l'abbondanza delle acque, fra le colline. Dopo una e poi un'altra e un'altra ancora, si vede improvvisamente il letto della Nahe, che dopo aver corso rasente al massiccio dell'Hunsrück, arriva a Bingen e si getta nel Reno. Il castello ospita stalle, fienili, granai, la scuderia e le abitazioni dei nostri contadini. Oltre il ponte levatoio si distendono le nostre terre, bionde di grano maturo d'estate, candide e morbide di neve durante l'inverno.

Ho vissuto in tempi interessanti, nel bene e nel male. L'anno mille è passato da più di un secolo. E si è portato via le superstizioni per l'arrivo del Giudizio Universale. I miei genitori mi hanno raccontato, come i bisnonni e i nonni l'avevano tramandato prima di lasciare questa terra, quanto siano stati periodi cupi, di povertà e timore. Ma l'Apocalisse non arrivò e un sospiro di sollievo si levò dalla Renania. La gente tornò alle sue occupazioni con il cuore più leggero e, anzi, tutto nella valle sembrò migliorare: i contadini resero fertili i pochi terreni ancora incolti, bonificarono le ultime paludi; le foreste lasciarono spazio a campi coltivati e le messi furono più abbondanti.

I monasteri riempivano la loro quiete con parole scritte, nuove pergamene pronte a ospitare nuovi codici. I classici latini e greci, i testi sacri, le opere religiose, venivano trascritti e illustrati da monaci amanuensi, che lavoravano i volumi con ricchezza di colori e forme. I benedettini erano i più abili e i più conosciuti in quest'arte.

Le chiese cominciavano a moltiplicarsi, ma erano diverse da quelle di ogni epoca precedente, come se l'architettura avesse goduto di una illuminazione: venivano edificate con un'altra figura, che le spingeva più in alto, come dita che cercano il cielo. Contrafforti massicci le tenevano ben piantate a terra, ma la struttura dei pilastri le lasciava libere, ed esse salivano leggere. Gli archi rampanti e le guglie dividevano la luce come le campane scandivano le ore delle nostre giornate. All'interno, i vetri delle grandi finestre istoriati con figure sacre rifrangevano di colore le navate, cosicché i fedeli e i pavimenti di pietra sembravano bagnati in una fede sgargiante. Le cattedrali si affacciavano su enormi piazze, e le piazze erano sempre piene di persone, fiere, mercati, animali e merci che provenivano da posti lontani, mai uditi prima.

Ma quanto più le guglie salgono, tanto più in basso va l'umanità: sete di potere e brama di ricchezze hanno allontanato dalla loro funzione i pastori, gli uomini di spirito e i curatori d'anime. E non si capisce più se il cielo comanda sulla terra o la terra sul cielo. È iniziata così la pazzia delle Guerre

Sante. Pazzia, perché solo dei pazzi possono mettere insieme la parola "santa" con la parola "guerra". E gli squilli di tromba ancora non sono finiti. Sono cominciate prima che io nascessi, quando Gerusalemme è tornata cristiana e poi è stata persa di nuovo. E fra papi, imperatori, sant'uomini e filosofi, non ce n'è uno che non invochi spargimenti di sangue a lode e gloria di Dio. Usando le armi del mondo e del diavolo per combattere i peccati del mondo e del diavolo.

Così, ieri notte, sorprendendo Ildegarda con le mani alla testa, ho visto una donna più alta di quanto alta l'avevo vista fino a quel momento, e più sottile, e più dritta sulla schiena, spinta verso il cielo da una forza che dalla sua vecchiezza non può provenire, alta come le guglie delle cattedrali, alta quanto dev'essere, come la sua rabbia, la sua preghiera e tutte le strane cose altissime che ha scritto.

PRIMO MOVIMENTO

ANDANTE

IL GIOVANE SCOMUNICATO – 1

Anno 1178 dall'Incarnazione di Cristo. È una mattina bella, di sole gelido. Allungo il collo oltre la finestra della mia cella e inspiro l'aria finalmente asciutta dopo tanti giorni di neve, ma il respiro arriva a metà e si ferma. Qualcosa è cambiato. La finestra si affaccia sul nostro cimitero, che si distende oltre un basso muretto di cinta: ma il cimitero non c'è più. Le croci sono sparite, è rimasto solo un terreno grasso e malamente arato, buono per far posto ad altri filari delle viti che circondano San Ruperto e s'adagiano sulle nostre colline. Le zolle sono buttate di qua e di là, segno di un lavoro fatto in fretta e arrangiato alla bell'e meglio. Vedo tre sorelle che alzano con fatica le zappe e poi le lasciano precipitare al suolo. Anche se fa freddo, si asciugano le fronti madide con la manica dell'abito. Da quanto tempo lavorano?

Mi vesto, infilo le scarpe, faccio più in fretta che posso le scale e il corridoio. Con la mano destra mi appoggio al bastone e lascio scivolare la spalla sinistra contro il muro. La vecchiaia non gradisce le sorprese. Ancora scale, ancora una porta.

– Dov'è Ildegarda? – urlo.

La più vicina delle tre sorelle, forse è la più stanca, si appoggia alla zappa, poi l'abbandona sulla terra soffice e mi viene incontro. Mi guida subito all'ingresso della chiesa.

– Non so che cosa sia successo, – è rossa sulle guance e sul naso, ha ancora il fiatone, – la madre ha ricevuto una lettera da un messo, all'alba. Ci ha ordinato di togliere le lapidi. Era alterata, furibonda anzi, quasi balbettava. Si è fatta portare in chiesa. Sta pregando, credo. Non ha voluto mangiare niente stamattina. C'è Ghiberto con lei.

Ghiberto di Gembloux è un monaco, l'unico uomo del monastero. È l'ultimo arrivato, è qui da poco più di un anno ed è incaricato di assistere Ildegarda e aiutarla a scrivere le sue opere.

Apro il portone. All'interno tutto odora di umido. Vedo un sedile davanti all'altare, la portantina ai suoi piedi. Ildegarda ha la testa e la schiena reclinate in avanti. Da questa distanza, di spalle, sembra un fagotto. Vecchia matta, testarda e sorda ai consigli: non ha capito che non deve mai star sola, che ha bisogno di assistenza? Accenno un leggero colpo di tosse: Ghiberto, in piedi in un angolo accanto a due sorelle, si gira e senza far rumore e mi fa cenno di uscire. Appena fuori, una folata di vento mi colpisce il viso.

– Fratello, rientriamo? Non sopporto questo freddo.

– La disturberemo.

– Non importa. È ora che si alzi e mangi qualcosa. Che notizie ha portato il messo?

– Ti ricordi di quel giovane cui abbiamo dato sepoltura un mese fa, dopo la lunga nevicata a fine gennaio?

– Lo ricordo eccome. Chi fosse lo sa solo Ildegarda, è l'unica che ha avuto a che fare con lui, l'unica che gli ha parlato, che gli ha portato cibo e acqua. Ho provato a chiedere, ma la magistra non dice una parola. Il ragazzo è arrivato a Eibingen una sera, è stato ospitato con molta discrezione, anzi in segreto, e dopo pochi giorni è morto. Il sacerdote che Ilde aveva fatto chiamare da San Disibodo è arrivato appena in tempo per dargli l'estrema unzione.

– Ecco, gli pendeva sulla testa la scomunica dell'arcivescovo. Da Magonza è arrivato l'ordine dei prelati di esumare la salma. Non conviene che uno scomunicato riposi nel cimitero di un monastero.

– Che cosa aveva fatto di tanto grave? Nessuno ha riferito che in punto di morte era stato assolto e aveva ricevuto i sacramenti?

– Qualcuno parla di un delitto, ma nessuno lo sa per certo. E l'arcivescovo Cristiano di Buch è a Roma per il Concilio. Ildegarda non può che obbedire: la pena sarebbe l'interdetto.

– Niente sacramenti, niente inni liturgici, niente campane, niente musica?

– Shh! – Ghiberto porta un dito alle labbra, ma Ildegarda si è già voltata. Corro verso di lei, oddio, barcollo verso di lei. Ghiberto mi segue e insieme riusciamo a metterla in piedi.

– Attenta, piano, di quattro gambe vecchie non se ne fa una buona. – Ha il viso segnato dalla rabbia. – Clementia, l'interdetto! A me! La mia musica! – farfuglia, mi stringe la mano.

– Mi fai male! Ho capito, l'interdetto, sì. Fratello Ghiberto mi ha raccontato tutto. Ragioniamo: scriverai all'arcivescovo. È a Roma e magari neanche sa che cosa combinano i suoi prelati.

– Portami al cimitero, Clementia.

– E quale cimitero? Hai fatto smantellare tutto.

– Era l'unico modo. Se arriverà qualcuno da Magonza per disseppellire il ragazzo, non saprà dove cercare. E se non trovano niente, non potranno fare niente. – Per un attimo una luce vittoriosa le attraversa gli occhi. – Su, portami al cimitero.

– Ghiberto, aiutaci. – La magistra si sdraia sulla portantina, Ghiberto e le due monache sollevano senza sforzo il suo corpo quasi aereo e usciamo dalla chiesa. Delle tre sorelle non c'è più traccia, delle lapidi nemmeno, rimane il campo completamente rivoltato, umido e nero.

– Laggiù, andiamo. Era sepolto là.

Arriviamo a quel che è rimasto della tomba e ordina di fermarci. Ildegarda porta gli occhi al cielo, poi a terra. Fende l'aria con la mano, disegna una croce.

– Ricordati, Signore, della tua misericordia e del tuo amore, che è da sempre. Dio, Padre di misericordia, concedigli il perdono e la pace. Vieni presto in mio aiuto.

– Andiamo, Ildegarda, mangiamo qualcosa. Riposati. Ghiberto ti aiuterà a scrivere all'arcivescovo Cristiano.

– No, proverò a scrivere ai prelati. Poi partirò. Andrò a Magonza, spiegherò loro la faccenda, ammetterò la mia colpa. Mi ascolteranno, saranno mossi da carità. Come possono negare una sepoltura per la salvezza di un'anima?

– Non puoi andare fino a Magonza! Anche con carro e cavalli, saranno due giorni di viaggio. Con questo freddo!

– Non importa. Il Signore mi aiuterà.

– Clementia ha ragione, – interviene Ghiberto, – non puoi permetterti un viaggio inutile. Proviamo prima a scrivere.

Ma so già che convincerla è impossibile. Bisognava provare intanto con i prelati. Se non avessero cambiato idea e si fossero rifiutati di togliere l'interdetto dal monastero, allora avremmo scritto a Cristiano.

San Disibodo

1

Vola sul monastero l'oscurità della notte, quando nel buio le preoccupazioni si fanno più dense, diventano paura e l'anima si perde nel silenzio dell'umanità addormentata. Nei corridoi e nelle stanze di San Ruperto non si ode alcun rumore, né si intravvedono luci. Tranne che nella stanza di Ilde: disegna cerchi stentati con passi minuscoli, la testa bassa che guarda i piedi, le mani unite dietro la schiena. Ogni tanto borbotta qualcosa, come di uno che si ripete nella mente un discorso, poi trova un intoppo e lo sbroglia alla luce della voce.

– Signore, che cos'è l'uomo perché tu ci faccia tanto caso? E perché a lui rivolgi le tue attenzioni e lo scruti ogni mattina e lo metti alla prova ogni momento? Fino a quando da me non ritrarrai lo sguardo e mi lascerai inghiottire la saliva? Se ho peccato dimmi che cosa ti ho fatto.

Questa faccenda del giovane scomunicato non è un semplice guaio. Ildegarda ha avuto una vita lunga e ricca, e l'odore della battaglia non l'ha mai scoraggiata. Anzi, di fronte all'ipotesi di una tenzone con qualche prepotente, si è sempre lanciata nella zuffa con orgoglio e gioia. Anche in questa disputa, come tutte le altre, la fede e il senso di giustizia di mia sorella combattono con la politica, l'ignoranza dei burocrati, qualche funzionario mezza tacca e molto zelante. Ma quel ragazzo è un mistero. Nessuna di noi sa chi sia stato in vita. Se e come Ilde l'abbia conosciuto in passato. Non ne parla e non risponde alle domande. Ed è irriconoscibile, sembra bruciare di impazienza come una ventenne inesperta: non tanto per l'intensità con cui affronta la crisi quanto per l'ansia che la morde e il senso di incertezza che aleggia nel suo sguardo, nei suoi passi fra le sorelle, di giorno e di notte. Forse non sa davvero che fare, o forse le preme di non lasciare questa terra macchiando la sua storia con una sconfitta, per di più ingiusta. Oppure, il giovane scomunicato porta con sé un segreto.

Insomma, sentir uscire le parole di Giobbe dalla sua bocca mi sorprende.

– Che cosa dici? Ti sei dimenticata perché hai scelto questa vita? Quel che ti ha insegnato la tua maestra, Giuditta di Sponheim?

– Oh, no. Il ricordo è così nitido che potrei disegnare il suo volto. Gli occhi grigi, piccoli, le guance infossate... Aveva sempre un aspetto sfinito. La mattina in cui arrivai, Giuditta era tanto pallida che il suo viso si confondeva con la nebbia. Tranne che per gli occhi: in quelli scorgevi sempre un che di appassionato.

Ricordo perfettamente la mattina in cui mia sorella se ne andò dal nostro castello. Erano le calende di novembre del 1106 e il tempo era umido e nebbioso. Ilde aveva gli occhi assonnati e il viso giallognolo, da malata. I miei genitori avevano preso la decisione di spedirla lassù, a San Disibodo: avrebbe cominciato una vita da monaca di clausura, seguendo la regola di San Benedetto. Era la decima figlia, la decima parte dei loro averi e, secondo le Scritture, doveva essere destinata a Dio. Il monastero era stato costruito su un'alta collina, ai cui piedi il Glan sfocia nella Nahe. Ilde aveva appena otto anni. E già dicevano che era benedetta, o strana, a seconda delle occasioni. Talvolta mi sembrava che se ne volessero sbarazzare.

– Perché non me ne parli? Io a quel tempo neanche ero con te...

– Giuditta era di poco più vecchia di me, quasi una sorella maggiore. Ma, nonostante la minima differenza d'età, aveva una fermezza, un orgoglio che non lasciava alcun dubbio su chi comandasse. E la disciplina che imponeva, quando mi iniziò all'alfabeto, alle poche cose di latino che so, ai salmi, ai vangeli, era ferrea. Il suo comportamento era per me, e per tutte le altre che poi arrivarono, un insegnamento: non mangiava carne, pregava così intensamente che le giornate sembravano allungarsi. Fu una vera maestra di umiltà.

Ildegarda prosegue, quasi che ricordare la sollevi dalla pena del presente. Giuditta nacque nel 1092 dai Conti di Sponheim, lontani parenti della nostra famiglia. Superata una malattia che l'aveva ridotta in fin di vita, decise di prendere i voti a lode e gloria di Dio, senza curarsi delle proposte di matrimonio. Si rifugiò in un cella, in un piccolo edificio che aveva fatto costruire grazie all'aiuto economico dei suoi genitori, a ridosso della chiesa del monastero benedettino. Nella cella pregava, studiava, lavorava, riposava, si lavava. Tra quelle strette mura che la isolavano dal mondo, aveva un minuscolo orto per le erbe officinali. Dalla cella, attraverso una piccola finestra, poteva partecipare alle funzioni; un'altra finestrella filtrava la luce del sole; una terza serviva per ricevere il cibo e per parlare con chi le faceva visita.

– È qui che sono stata catapultata, a otto anni. Tu, Clementia, sei stata più fortunata di me: San Ruperto l'hai scelto per conto tuo. Ma forse, ciò che i nostri genitori decisero per me, era volontà di Dio.

2

Parlando, ricordando, il tempo corre in carrozza. Così è finita che ci siamo coricate poco prima che il gallo cantasse. Mi sono svegliata solo perché una sorella ha portato la colazione alla magistra e mi ha toccato la spalla. La nenia soave delle lodi che proviene dalla chiesa non aiuta, e resto a lungo catatonica. Ilde invece sembra più fresca di ieri: mangia a briciole, come sempre, ma volentieri. E purtroppo è già in vena di parlare.

– Clementia?

Le rispondo con un sonnacchioso: – Sì?

– Sai che il primo incarico che mi affidò Giuditta fu di maestra del coro? Ci aveva istruite nel canto gregoriano. Mi ha insegnato lei a suonare il salterio...

Mi alzo dallo sgabello, recupero il bastone e faccio tre passi per raggiungere la finestra. Le giornate sono più tiepide: la neve abbassa i rami dei pini, scivola a terra e il verde cupo degli aghi rimbalza due o tre volte prima di fermarsi, lanciando intorno manciate di gocce d'acqua. Prendo la ciotola dal tavolo, la porto alle labbra. Sento il brodo caldo che mi percorre la gola, scende fino allo stomaco. Ora sono sveglia.

– Mi ricordo. Ero venuta a salutarti, e ti avevo trovata con quell'aggeggio in mano…

È stato trent'anni fa. Quel giorno era cominciato con allegria, era una mattina luminosa. Dalla finestrella la scorgevo tenere in grembo un piccolo trapezio di legno nero sul quale erano state tese delle corde, i capi fissati al telaio.

– È di ebano e queste sono corde di budello, sono dieci, – mi disse. E solenne aggiunse: – È un salterio, uno strumento musicale. Ascolta. – Lo mise sulle ginocchia e pizzicò lievemente quattro o cinque corde, ne venne fuori un suono un po' stridulo e freddo. – Senti? Questa è armonia celeste. Le corde sono dieci come i Comandamenti. – Era così compresa e fiera, mi fece sorridere, con quell'affare sulle ginocchia. – Ci si può accompagnare il canto dei salmi, – esclamò. Intonò due strofe. Si vedeva che era incerta nei movimenti, e il suono dello strumento ne risentiva: era sottile, lagnoso, quasi coperto dalla voce.

Col passare degli anni, però, è diventata esperta, oggi è davvero bravissima: – Ma Ilde, eravate già abbastanza da formare un coro?

– Be', sì: una dopo l'altra, arrivarono moltissime ragazze, tutte di nobili natali, affascinate dalla scelta di Giuditta. Ti ricordi dei primi tempi in cui mi venivi a trovare? Dalla finestrella dicevi che ti sembrava vivessimo in un armadio, più che in un'abitazione... Più tardi l'abate Cunone ci concesse di ingrandire i nostri alloggi. Anche la chiesa venne ampliata, e così il chiostro.

– Pronunciasti i voti in quel periodo...

– Era il 1112. Erano già tempi difficili, e tutti, soprattutto i religiosi, subivano le schermaglie tra il Santo Padre e l'imperatore: fu l'arcivescovo di Bamberga, Ottone, a presiedere la cerimonia nella quale venni ordinata, perché il titolare dell'ufficio, Adalberto di Magonza, da cui dipendevamo, era prigioniero di Enrico V, a Trifel. Da quel momento non appartengo più a me stessa, ma a Cristo, sono sua sposa. E la Regola di San Benedetto guida le mie giornate.

Una Regola fatta di preghiera, di duro lavoro e dell'indispensabile per vivere. E, in un certo senso, di studio: le consorelle imparavano i nomi delle piante, a che cosa servono, come usarle per curare le malattie, come si pratica la potatura, come deviare il corso dei torrenti per irrigare i terreni, e anche come arare e mietere. Ugualmente, io stessa, decidendo di portare il velo, avevo scelto una vita faticosa: la Regola era la strada maestra per raggiungere l'equilibrio, l'armonia con il creato. Senza mortificare il corpo, perché chi uccide la carne, uccide l'anima che vi abita: Dio ci richiede pietà, non il sacrificio di quanto ci ha donato.

Ildegarda si ferma, beve un sorso d'acqua. – Giuditta se ne andò nel 1136. La sua morte non fu certo improvvisa, da tempo non si alzava più dal letto. È stato un primo grande dolore, ho perso una madre e una sorella insieme; poco tempo dopo sono stata chiamata a succederle, eletta dalle nostre sorelle. Un compito arduo. E i miei continui mal di testa ne aumentavano le difficoltà. Passavo periodi di incredibile stanchezza e sonnolenza. Mi è sempre successo, fin da piccola, ti ricordi? Col tempo si sono aggravati: il mal di testa mi annebbiava la vista, sentivo dei fortissimi ronzii, come se fossi circondata da mosche. A volte avevo le vertigini, mi sembrava di precipitare ed ero costretta a sedermi o appoggiarmi per non cadere. Capitava addirittura che mi ritrovassi a letto senza ricordarmi niente, con accanto una sorella che mi guardava fisso. Appena mi alzavo sentivo le gambe molli, e allora tornavo a sdraiarmi. Ma tenni le mie incertezze per me e per l'ora della preghiera. Obbedii agli ordini della Provvidenza.

– Quando credevo di essere stata messa alla prova a sufficienza, Dio bussò di nuovo alla mia porta. Come la cadenza delle stagioni, i miei malesseri ritornavano. Ma era venuto il momento di rendere pubbliche le mie visioni. A convincermi non fu solo l'insistenza con cui si manifestavano, o i mal di testa che le accompagnavano, ma proprio una di esse, in cui Dio stesso mi comandava di esporre al mondo le parole con cui, attraverso me, proclamava la sua volontà: «Ascolta, o creatura, queste parole, e dille, non secondo te, ma secondo me; e istruita da me, parla di te». Dapprima mi ribellai e mi chiusi nel silenzio, ma la malattia si fece più intensa e insopportabile. Guarda là, sul tavolo.

Con un dito mi indica una pila di tavolette cerate, in avorio. Accanto giace lo stilo.

– Cercane una indirizzata a Ghiberto. È la lettera che gli scrissi quando stava ancora all'abbazia di Villers, in Belgio. Prima che si trasferisse qui a San Ruperto.

Io leggo con difficoltà, devo compitare le sillabe a voce, e ogni lettera è un peso per gli occhi e sulle mie labbra. Questa no, questa nemmeno; eccola. Gliela porgo, Ilde la prende.

– Ascolta: «Fin dall'infanzia ho sempre avuto nell'animo queste visioni; in queste visioni la mia anima, come piace a Dio, ascende fino agli estremi del firmamento e segue le correnti di venti diversi, raggiungendo genti diverse. Queste cose non le percepisco con le orecchie esteriori, né le penso segretamente fra me, né le apprendo mediante l'uso congiunto dei cinque sensi; posso dire soltanto che le vedo nell'anima, e che i miei occhi esteriori sono aperti, cosicché mai in esse ho subito il mancamento dell'estasi; io le vedo di giorno e di notte, ma sempre da sveglia».

Ilde aveva da quando compì cinque anni. In principio le raccontava apertamente, in famiglia, ma era una bambina e tutti noi credevamo che fossero vagheggiamenti; poi, entrata a San Disibodo, si confidò con Giuditta che, come una madre riconosce i segreti dei figli, intuì la vera natura di quelle confessioni. E insieme decisero di tacere, per non peccare di superbia.

C'era una grande luce, informe, indistinta, in quelle visioni. Ilde la chiama "ombra della Luminosità Vivente". E in quella luce risplendevano le scritture, i discorsi, le virtù e le opere degli uomini, diceva. E così spiegava la sua perfetta conoscenza del Salterio, dell'Antico e del Nuovo Testamento e della loro interpretazione. Io non so che cosa Dio le mostri e le dica quando la chiama. Ma sono sicura che, a San Disibodo, ha spesso ficcato il naso in biblioteca o nello scriptorium, dove trascrivevano manoscritti. Lì ce n'erano di codici! Chi ha scritto quelle opere è tutta gente che ho sentito nominare ma di cui non mi ricordo, e non per la vecchiaia. Credo che Fratello Volmaro l'aiutasse a procurarseli.

Volmaro, prevosto del monastero di San Disibodo, è stato il primo segretario e aiutante di Ilde. Era alto, con il viso bianco e pulito, tranne che per una rada barbetta, e aveva un'aria fiera ma bonaria. Ed era un uomo straordinariamente attento. Mentre parlava, di rado ti guardava in viso, i suoi occhi erano in continuo movimento, quasi cercasse tra i particolari una qualche verità invisibile. È rimasto con noi per circa vent'anni, a San Ruperto, ed è morto nel 1173.

Poco importa, comunque, che la conoscenza le sia stata rivelata, o che abbia letto, studiato, o che si sia fatta raccontare da Volmaro che cos'è contenuto in quei volumi: la verità di quel che ha scritto non vale di meno.

Ilde prosegue: – Talvolta, ma non di frequente, vedo all'interno di questa luminosità un'altra luce, che chiamo Luce Vivente... Ecco. Cominciai a parlarne con Volmaro, maestro, guida, amico fidato. Mi ascoltò e non fece domande. Mi consigliò di prender nota di quelle visioni perché lui potesse rifletterci, ma di non rivelarne l'esistenza a nessuno, la gente mormora e in un batter di ciglia si finisce con l'esser chiamati pazzi. E così ho scritto, malamente, come so fare. Chiudevo gli occhi, raccoglievo i ricordi: le immagini a volte erano sfocate, incerte. Eppure, appena appoggiavo lo stilo alla tavoletta, scrivevo parole in cui regnava un ordine che incantava. Poi consegnai le tavolette a Volmaro perché leggesse i miei appunti. Senza proferire un commento, portò quelle tavolette all'abate Cunone, poi all'arcivescovo Enrico I di Magonza e al Capitolo del Duomo. E mi aiutò a trascrivere tutto quel che Dio mi aveva mostrato.

3

Quando la fama di mia sorella dilagò, tanto che il suo nome veniva sempre pronunciato accanto a quello di "profetessa", il continuo arrivo di novizie, l'inesauribile flusso di pellegrini verso San Ruperto per conoscerla e chiedere consiglio, gli inviti ricevuti da altre comunità perché andasse a predicare nelle loro chiese, ecco, tutte queste cose insieme mi portarono alla ricerca dell'origine di tanta venerazione in vita. E l'origine erano le visioni.

Ma con tutte le cose mondane che stavano succedendo e turbavano la nostra vita monastica, e con gli impegni che la occupavano ogni giorno e a volte parte della notte, fra la conduzione quotidiana del monastero e le relazioni con il mondo fuori dalle nostre mura, Ildegarda era inavvicinabile, se non per poche parole, un refettorio insieme, le ore di preghiera.

Per quello che avevo in animo di chiederle serviva più tempo, e soprattutto occorreva che mia sorella fosse disponibile a utilizzarlo per rispondermi. Sedersi, con pazienza, e spiegarmi, aspettandosi di doverlo rifare anche più volte. Non accadde mai, o perlomeno non a sufficienza: quindi, se volevo avere risposte, dovevo trovare qualcuno che stesse fermo abbastanza a lungo da lasciarmi porre la domanda e darsi il tempo di parlare a sua volta.

Io ero curiosa, anzi, fremevo per sapere che cosa Ildegarda vedeva quando veniva chiamata da Dio.

La persona giusta c'era. Era Volmaro. Il quale, scoprii avvicinandolo, perfino sperava che qualcuno si interessasse al lavoro cui aveva consacrato la sua esistenza, seduto davanti alla cella della magistra o nella penombra dello scriptorium. Nessuno gli chiedeva mai niente, e lui stesso si trovava spesso annichilito dalla grandezza dei fatti che doveva testimoniare. Ildegarda glieli aveva affidati, quasi come una confessione, non per farne chiacchiera, ma solo perché lui potesse trasferirli sulla pergamena in latino corretto e con una scrittura comprensibile.

– Che cosa vuoi sapere, Clementia?

Avevo trovato Volmaro che stava armeggiando con una pergamena. Quelle piccole lettere mi erano sempre parse solo punte e svolazzi. Sono rimasta un po' distante e in silenzio, ma si è accorto subito di me.

– Vorrei sapere che cosa vede Ilde, cosa ti incarica di scrivere in sua vece. Insomma, posso sapere delle visioni?

– Non so se mi è concesso e non è facile, non lo è neanche per me. Dovrei prima chiedere a lei.

– Ti direbbe di no, e io da sola non riesco a parlarle, né probabilmente capirei quel che dice. Ma sono sua sorella, e voglio sapere di più.

– Uhm. Non saprei come cominciare.
– Comincia dall'inizio.
– Lo *Scivias*, allora.
– Che cosa?
– *Scivias*. Vuol dire "conosci le vie". Di Dio, o della fede. Insomma, le vie che portano alla salvezza.
– È quel che ha scritto?
– Non è l'unica cosa che ha scritto, ma sì.
L'avevo convinto. Si sedette, si passò una mano su una guancia.
– È un magnifico manuale di fede. È pura catechesi per religiosi e laici, per signori e gleba. Ildegarda ha raccolto ventisei visioni, le ha organizzate in tre parti e me ne ha dettato il contenuto, ordinandomi di illustrare le più significative. In tutto, ho dipinto trentacinque miniature.
E il frate che non voleva parlare non si fermò più.
– È diviso in tre perché si ispira alla Trinità, che è la questione più importante. La Trinità è dentro l'uomo, che è stato creato a immagine di Dio... Un momento, aspetta. Resta qui.
Volmaro si alzò, prese una candela e aprì la porta della biblioteca. Mi alzai anch'io. La luce tremolante svelò una camera stretta e umida, quasi una grotta. Volmaro andò nel centro della stanza e lasciò colare la fiamma su un'altra candela, s'intravvide un luccichio. Rifece lo stesso movimento una decina di volte, finché non s'illuminò tutt'intorno e comparve un candelabro, le braccia ora brillavano come arbusti pieni di lucciole.

– Così va meglio, eh? – disse. Si diresse verso un armadio, in fondo alla stanza. Lo aprì e, con entrambe le mani, ne estrasse un grosso volume. – Torniamo di là, vieni.

Il manoscritto era protetto da sottili assi di legno ricoperte di pelle marrone. Lo aprì. Il frontespizio era colorato. C'era una bellissima immagine di Ildegarda, seduta sotto un tabernacolo. Dal tetto scendeva un fuoco proprio su di lei. E c'era anche Volmaro, che infilava la testa nella cella e guardava il suo volto.

Volmaro rimase in piedi, aprì alle prime pagine il volume.

– A dir la verità, se vuoi sapere qualche cosa in più sulle visioni della magistra, non hai bisogno di chiederle nulla. Infatti lo *Scivias* comincia con una *Protestificatio*, un'introduzione nella quale lei stessa traccia la genesi del libro.

Il monaco generoso lesse ad alta voce, solo per me, lentamente: – Ed ecco che nel quarantesimo anno della mia vita, mentre tremante e timorosa ero colta da una visione celeste, vidi una luce grandissima, nella quale risuonò una voce che scese dal cielo verso di me, dicendomi: «O fragile creatura umana, cenere della cenere e putredine della putredine, racconta e scrivi ciò che vedi e ascolti. Ma poiché sei timida nel parlare, semplice nello spiegare e troppo poco istruita per poterne scrivere, non devi raccontare e scrivere seguendo il modo di parlare, di comprendere e di organizzare le cose che è proprio degli uomini, ma nel modo in cui vedi e senti lassù, nei cieli, tra le meraviglie divine. Spiega nel dettaglio, come fa il discepolo che recepisce le parole del maestro, le svela seguendo il filo del discorso di quello, che, di buon grado, mostra e spiega. Così anche tu, o creatura umana, racconta quelle cose che vedi e senti; e non scriverle alla maniera tua o di qualche altro, ma secondo la volontà di chi sa, vede e dispone tutte le cose nei suoi misteri». E di nuovo sentii la voce dal cielo che mi diceva: «Racconta perciò queste cose meravigliose e scrivile ora che sei stata istruita in questo modo, e parla». Avvenne nell'anno 1141 dall'incarnazione di Cristo, quando avevo quarantadue anni e sette mesi, che una luce infuocata, fortissima e abbagliante, scendendo dal cielo che si era aperto, infiammò tutto il mio cervello e mi riempii di calore il cuore e il petto: era simile a una fiamma che non brucia ma scalda, come fa il sole quando colpisce qualcosa con i suoi raggi. E, subito, fui in grado di interpretare i libri, il salterio, il vangelo, e gli altri libri cattolici, l'Antico e il Nuovo Testamento, ma mi mancava l'interpretazione del senso delle singole parole di quei testi, la divisione delle sillabe e la declinazione dei casi e dei tempi grammaticali. Io sentivo dentro di me, in modo straordinario, la forza e il mistero di visioni segrete e stupefacenti... Le visioni che ho avuto, non le ho percepite nel sonno, mentre dormivo o ero in preda a una frenesia, né tantomeno con gli occhi del corpo e le orecchie esterne, umane, e nemmeno in luoghi nascosti, ma le ho ricevute mentre ero sveglia con la mente attenta e limpida, attraverso i sensi interiori, in luoghi aperti, secondo la volontà di Dio. In che modo, poi, questa cosa avvenga, è difficile indagare per gli uomini prigionieri della carne».

Con queste parole, la parte più misteriosa di mia sorella aveva dato segno di concedersi, e io ebbi un attimo di felicità. Che durò... un attimo. Infatti Volmaro, sedendo di nuovo, prese a recitare, e questa volta era la prima visione.

– Vidi qualcosa di simile a una grande montagna. Sopra vi sedeva un personaggio di così grande luminosità da abbagliare la vista. Dalle sue spalle, come un'ombra lieve, si stendevano ali d'immensa larghezza e lunghezza.

Il buio era sceso di nuovo sulla mia intelligenza. Io sbirciavo sulla pagina quelle parole, e non capivo. Sentivo quelle parole e continuavo a non capire. E forse anche il mio sguardo diceva che non capivo, perché Volmaro alzò gli occhi dal libro, mi guardò e disse: – La montagna è il regno di Dio, stabile ed eterno. Il personaggio è Dio stesso, circondato da una luce che non lo rende del tutto visibile né comprensibile. E le ali che fanno ombra, quelle sono la protezione di Dio per il suo popolo: l'amore e la giustizia, ovvero l'equità.

Volmaro lesse ancora: – Vidi una luce più serena di ogni altra e in essa la forma dell'uomo del colore di zaffiro, che risplendeva tutta di un dolcissimo fuoco rutilante. E quella luce serena pervase tutto quel fuoco rutilante, e quel fuoco rutilante tutta la serena luce, e la luce serena e il fuoco rutilante abbracciarono insieme tutta la figura dell'uomo, come un unico lume dell'unità della sua potenza.

– Non ho capito niente un'altra volta, – mormorai.

– È il mistero della Trinità e dell'incarnazione del Figlio: la forma umana è il Figlio, all'interno della luce del Padre, e lo Spirito Santo circonda la relazione tra i due, viene da essa e a sua volta la rigenera e la feconda, in un eterno e reciproco amore, in un eterno scambio di sguardi.

– Volmaro, forse per me è troppo. – Sentivo salire alla gola una specie di sgomento. Ero davanti a una cosa così enorme da essere quasi infinita, e non potevo neppure avvicinarmi. Volmaro se ne accorse, raddolcì la voce.

– Vedi, Ildegarda non cerca di farsi passare per indovina, anzi, detesta lo zodiaco e chi ci crede; né per profetessa, per quanto tutti la chiamino così. Non vende nulla; piuttosto sono quelli che le stanno attorno a vendere l'idea che lei abbia qualcosa di irresistibilmente attraente. L'abate, il vescovo, tutti. A tutti conviene avere appresso Ildegarda. A lei questo dà noia, perché, quando viene colpita dalla luce, tutto quello che fa è solo quel che deve fare. Ildegarda non pretende di aver inventato qualcosa, di aver meriti. Di fronte al dono che le è stato dato, si annulla e riporta quel che la luce le rivela: ciò che il Cristianesimo ha portato nel mondo è di natura autenticamente divina. Per questo le sue visioni partono dalla Trinità.

– Cioè partono da Dio, e di Dio parlano. Nelle visioni Dio parla solo di se stesso?

Volmaro sospirò più forte, aveva il vezzo di tirare un sospiro ogni volta che doveva cominciare a parlare, lo faceva sempre. Credetti che si sarebbe alzato e se ne sarebbe andato.

– Al contrario. Secondo Ildegarda, mi correggo, secondo le visioni di Ildegarda, il Verbo si fa carne nella natura umana, che è lo specchio in cui si riflettono le connessioni fra Dio, il cosmo e l'uomo, inteso anche come corpo, come insieme di organi: tutto è segno della presenza divina, anche la carne. E tutto è animato dalla *viriditas*, il verdeggiare, la forza vitale, che è presente in ogni forma di vita e ha ispirazione divina. Infatti il male non esiste in origine, ma è un comportamento, è la ribellione alla legge di Dio.

Volmaro chiuse la risposta con un moto di fastidio, e io mi feci piccola come un topo.

– Allora. Ti dicevo prima, tre parti. La prima racconta la storia della salvezza al suo inizio, a partire dai fondamenti della Chiesa, edificio voluto da Dio, fino alla caduta dell'uomo a causa della superbia, ispirata da Lucifero. Nella seconda parte Ilde, sempre attraverso le visioni, spiega la venuta di Cristo e il significato dei sacramenti. La terza parte tratta della lotta fra il bene e il male, della guerra contro l'Anticristo e della venuta del Regno di Dio attraverso la santificazione. Se non hai capito niente di quel che ti ho letto, è perché la Luce Vivente parla a Ildegarda per mezzo di immagini simboliche, nient'affatto facili da comprendere.

– Simboli? Quali sarebbero? – Faticavo a seguire le parole del frate, quindi, ogni volta che trovavo un appiglio per non perdere il filo, lo fermavo.

– Simboli sono tutte le cose che non capisci, – sospirò di nuovo, e accennò un sorriso non imbevuto di santità. – Provo con un esempio: la visione dell'universo a forma di uovo, circondato dalla sfera del fuoco lucente di natura divina e dalla sfera del fuoco oscuro della tentazione; poi, in cerchi concentrici, una parte sottile di aria, la sfera dell'acqua; e infine il globo terrestre e i venti, fonti di tutti i movimenti. I vertici della forma, dove essa si restringe, simboleggiano le angustie dell'uomo, che egli ha provato dall'origine dei tempi e che ritorneranno alla fine dei tempi, mentre la parte ampia corrisponde a un'espansione, il respiro del mondo che si fa più largo e profondo grazie all'Antico Testamento e alla venuta di Cristo.

– Oh.

– In una visione seguente, Ildegarda parla dell'anima, che fa parte della natura così come il corpo. Essa è già nel bambino, rappresentato nel ventre di una donna gravida, prima della sua nascita. L'anima viene passata dalle forze ostili del male sotto un torchio da vino. In più, secondo la visione gli uomini non sono tutti uguali, hanno un diverso destino naturale: questo viene rappresentato da due portatori accanto alla donna. Essi reggono due cesti che contengono formaggi, alcuni ben riusciti, altri invece no.

– Formaggi?

Volmaro scosse la testa, desolato. Un attimo dopo era immobile, con lo sguardo che sbatteva sul muro, rapito dallo sforzo di scegliere parole che mi avvicinassero alle altezze di quel libro spaventoso. Passarono alcuni istanti, poi l'occhio vuoto si riempì di nuovo e la sua attenzione tornò rivolta a me.

– Molte figure appaiono a Ildegarda, e tutte hanno un significato religioso. Due donne, Sinagoga ed Ecclesia, rappresentano la storia della salvezza. Sono donne molto importanti. La prima, Sinagoga, è alta e torreggiante, porta in braccio Mosè con le tavole della legge e in grembo ha i profeti, ma i suoi piedi son rosso sangue e si perdono in una nuvola bianca: rappresenta la fede al tempo del Vecchio Testamento, che porta con sé la saggezza e la parola di Dio prima della venuta di Cristo, ma che si macchia della sua uccisione. Sinagoga non va condannata, perché dalla morte di Gesù è nata la Chiesa. Ecco, la seconda donna, Ecclesia, rappresenta proprio la Chiesa. È un'immagine femminile grande quanto una città, la testa coronata da un diadema, e le braccia che irradiano una luce che va dal cielo alla terra. È la via con cui Dio offre agli uomini la salvezza, tramite i sacramenti. Ma bada: quando Ildegarda parla di Ecclesia si riferisce alla Chiesa mistica, sposa di Cristo, non devi confonderla con la Chiesa degli uomini, l'istituzione corrotta e assente, che invece sarà meritevole di sdegno e punizione finché non si piegherà alla volontà del Padre.

Non posso dire che grazie alle parole di Volmaro mi si fossero aperte le cateratte della comprensione, ma avevo capito che Ildegarda era stata toccata dalla Grazia. Come poteva dire, così bene, cose che non aveva mai studiato? Le era stato fatto il dono di sapere senza leggere, di dire la verità senza doverla scoprire.

– Volmaro, hai mai assistito a quel che succede quando viene raggiunta dalle visioni? Che faccia ha, che cosa le capita intorno?

– Non lo so. Non sono mai stato presente quando Ildegarda ha avuto le visioni. Non l'ho mai vista tenere atteggiamenti inconsueti. Solo una volta, anni fa, ho avuto una sensazione strana. Ricordo che stavo passando per il giardino delle rose e l'ho intravista poco lontano, era quasi di profilo e lei non vedeva me: stava in piedi, ritta sulle punte, e si teneva i lati della testa con le mani. Era immobile, aveva gli occhi aperti, e ancor più strana era la sua espressione: guardava avanti, non come uno che guarda, ma come quando uno scruta, e i suoi occhi avevano un che di sorpresa, o di domanda. Era zitta e non mi sono avvicinato oltre, razionalmente per evitare di distrarla dal suo pensiero: in verità perché, anche se non ce n'era motivo, ho avuto paura. Ho accelerato il passo e sono scivolato via.

4

– Clementia, ti ricordi di Riccarda?

Chi se la dimentica, quella: – La tua allieva prediletta.

Riccarda, della ricca famiglia von Stade, arrivò a San Disibodo proprio nel periodo in cui Ilde si stava dedicando allo *Scivias*. Io la conobbi più tardi, quando mi stabilii a San Ruperto. Dopo qualche mese, se ne andò. Era giovane, con grandi occhi scuri, sempre impettita, ed era incredibilmente paziente. Con Ilde, era paziente. In realtà aveva un carattere spigoloso, e accettava ordini e rimproveri esclusivamente da chi riteneva all'altezza. Dati i suoi nobili natali, aveva una buona conoscenza del latino e dei testi sacri: era in grado di aiutare Volmaro nella stesura e nella revisione dei testi. Ilde diceva di amarla "come Paolo amava Timoteo". Con lei condivise tutte le difficoltà che si trovò ad affrontare durante la scrittura del libro. Certo, quelle che seguirono le condivise un po' meno... Ma di questo, Ilde ancora oggi non ha voglia di raccontare.

– Interpretare e trascrivere le mie visioni era un

lavoro complesso, e andava avanti a rilento. C'erano giorni molto proficui e altri improduttivi. L'aiuto di Volmaro e Riccarda era assiduo e premuroso, e meno male: la mia salute era sempre incerta e per di più ero una badessa, e una badessa è sempre piena di cose da fare. Ci mettemmo più o meno dieci anni per terminare l'opera. E non c'è stato giorno in cui non sia stata tormentata dai dubbi. Se Dio aveva affidato davvero a me quell'incarico, avrei dovuto far risuonare la sua parola in tutta la cristianità? Avevo bisogno di conferme. E l'uomo giusto cui chiedere era Bernardo di Chiaravalle.

Era questo l'atteggiamento che più apprezzavo in mia sorella, forse perché strideva con la grandezza del suo spirito: non aveva desiderio di mettersi in mostra, coltivava il dubbio come misura di prudenza in ogni sua riflessione. Tutto questo poteva essere scambiato per fragilità: ma era in realtà un dono, la virtù dell'umiltà. A Bernardo, dopo aver rimuginato a lungo, scrisse intorno al 1147. Ilde sapeva bene, infatti, che l'abate osteggiava le novità e che aveva già reso difficile la vita a Pietro Abelardo, condannato come eretico al concilio di Soissons, al Lateranense II e anche a quello di Sens. Inoltre, Bernardo era impegnato in ben altro: a incitare tutto il mondo cristiano affinché venisse intrapresa una nuova Guerra Santa.

– Gli scrissi una lunga lettera: confessai la mia misera istruzione e le mie visioni divine. In una di queste l'avevo visto: era come un'aquila che guardava il sole e sollevava il mondo verso la salvezza. Mi affidai al suo giudizio, chiesi se dovevo parlare apertamente e rischiare che le mie visioni fossero prese per eretiche, o se dovevo tacere.

– Ti rispose?

– Sì, era una lettera breve, in cui mi esortava a obbedire alla Grazia con umiltà e dedizione. Mi fu di grande conforto, diceva: «Ci rallegriamo per la Grazia di Dio che è in te, e per quanto dipende da noi ti esortiamo e ti supplichiamo affinché tu la riconosca come tale e cerchi di corrispondervi con la massima umiltà e devozione, consapevole del fatto che Dio resiste ai superbi, mentre concede agli umili la Sua grazia. Del resto, laddove c'è una scienza interiore e un'unzione che istruisce su ogni cosa, noi che cosa possiamo insegnare o consigliare? Piuttosto, ti preghiamo e ti supplichiamo, affinché tu interceda presso Dio per noi e, parimenti, per coloro i quali sono uniti a noi in un vincolo spirituale nel Signore». Inoltre parlò di me al papa durante il Concilio di Treviri, che si tenne poco dopo.

– Questo lo so. Fu solo grazie a Eugenio III che l'abate Cunone concesse a te e alle consorelle di spostarvi da San Disibodo a San Ruperto...

Fu come se si fossero aperte una seconda volta le acque del mar Rosso: dal momento in cui l'abate le concesse di annotare e divulgare le visioni, il nome di Ildegarda oltrepassò le mura del monastero, la valle della Nahe, attraversò il Reno e raggiunse l'arcivescovado di Magonza. Molte ragazze di famiglia aristocratica decisero di farle visita; e, di queste, molte scelsero di intraprendere con lei la vita monastica. I feudatari che non avevano previsto il matrimonio per una delle loro figlie, le mandavano lì, perché era un luogo rinomato, in cui avrebbero trascorso una vita diversa, ma all'altezza del loro rango. Il numero crebbe a tal punto che ci fu necessità di trovare un'abitazione più consona per quel nugolo di monache.

Una visione aveva mostrato a Ilde la terra precisa dove fondare il suo monastero: più in basso rispetto al monte di San Disibodo, proprio alla confluenza tra la Nahe e il Reno, presso Bingen. Era una zona povera, di terreni incolti, inutili, perché l'acqua dei due fiumi non era mai stata incanalata. Si raggiungeva attraverso un sentiero che si addentrava nella foresta, un sentiero poco battuto, con tronchi sottili, incerti, alberi secchi rovesciati e abbandonati. Il cammino era difficile e pericoloso. Ma su una bassa collina si trovavano le rovine di una chiesa costruita sulla tomba di un duca, vissuto all'incirca quattrocento anni prima e morto a soli vent'anni. Di lui si racconta che, dopo un pellegrinaggio a Roma, aveva fatto costruire numerose chiese nei dintorni di Magonza ed era divenuto un eremita. Per questo è venerato come San Ruperto di Bingen. È lì che la visione aveva comandato a Ildegarda di erigere il nuovo monastero.

Il passo seguente era ottenere il permesso dall'autorità di San Disibodo, da cui dipendeva ogni decisione che riguardasse la comunità femminile. Il che significava affrontare l'abate Cunone. Noi tutte sospettavamo che sarebbe stato un problema, Ilde lo sapeva per certo. E infatti l'abate disse di no. Lo disse due, tre e quattro volte, e non per ripicca, ma per soldi, un argomento sul quale sarebbe stato difficile far cambiare idea a chiunque. Il fatto è che Cunone non aveva la minima intenzione di perdere il prestigio che il nome di Ildegarda recava al suo monastero, non ne voleva sapere di restituire le doti delle numerose novizie e sapeva bene che i pellegrini e i benefattori avrebbero seguito Ildegarda ovunque si fosse spostata.

A causa di questa disputa, così poco spirituale, Ildegarda si ammalò gravemente e più volte; per vincere l'ostinazione dell'abate fu necessaria l'intercessione della madre di Riccarda, la marchesa von Stade, presso il vescovo di Magonza Enrico I, il quale lo indusse a lasciare finalmente libere le sorelle.

In quella radura, dunque, una volta bonificata la palude e approntato un sistema d'irrigazione efficiente, cominciò la costruzione di San Ruperto. Il primo maggio del 1151 il vescovo benedisse la nuova chiesa delle monache, forti del sostegno papale. Cunone non poteva far altro che eseguire gli ordini.

L'abate, solo a vederlo, metteva a disagio: era un omiciattolo di statura poco più che mezzana, forse perché se ne stava sempre curvo, aveva occhi scuri, piccini, lo sguardo torvo. I capelli erano radi e canuti, dovevano essere stati neri, un tempo; quando parlava affettava un sorriso di circostanza, ma beffardo, quasi maligno. E, anche da vinto, tentò di darci qualche fastidio. Ilde ne è ancora oggi irritata.

– Lo sai che quando ci concesse di venir qui, per anni trattenne le donazioni a San Disibodo? Per mesi non lasciò nemmeno che Volmaro, scelto proprio da lui come nostra guida spirituale, ci raggiungesse... Tutto questo finì quando il vescovo Arnoldo, successore di Enrico I, nel 1158 dichiarò l'indipendenza di San Ruperto con un atto ufficiale: nel documento si elencavano anche tutti i terreni di nostra proprietà. Eravamo passate sotto la sua protezione.

Ma anche questo lieto fine costò parecchie tribolazioni e la vicenda che segue è un buon esempio di quanto i tempi fossero incerti e bellicosi; tutti, ricchi e poveri, eravamo in balìa di intrighi, di sanguinarie lotte per il potere e di capricci altrui.

5

Risalendo il corso del Reno verso nord, sulla sponda sinistra, vicino alla città di Bacharach, s'incrocia il castello di Stahleck. Fu costruito su una montagnola tutta rocce dalla quale domina la valle Lorelei. Stahleck significa infatti "inespugnabile fortezza sulla rocca", da "stahl", acciaio, e "ecke", angolo. Raccontano che sia uno dei più antichi della gola del Reno, fatto costruire intorno all'800 come avamposto a sud dell'arcivescovado di Colonia.

Un tempo abitato da un rappresentante dell'imperatore, in funzione di giudice ed esattore delle tasse, finì nelle mani di Goswin di Falckenburg, erede di una famiglia dell'alta nobiltà della Franconia, grazie a un matrimonio molto ben riuscito. Da quel momento, Goswin di Falckenburg venne conosciuto con il nome di Goswin di Stahleck.

Il castello passò poi al figlio di Goswin, Ermanno, per volere di Corrado III di Svevia, re dei Romani e fratello della moglie di Ermanno, Gertrude di Svevia. Grazie a Corrado, Ermanno diventò uno degli uomini più potenti di tutta la regione della Lorena e della Renania, conte del Palatinato, e uno dei maggiori dignitari del Sacro Romano Impero.

Tutte queste cose le sapevo perché avevo ascoltato le conversazioni di mio padre e dei miei fratelli: erano sempre molto preoccupati per quel continuo ricambio di signori e per l'incertezza politica in cui versava la zona del Reno, il cui controllo era ambito da entrambi gli schieramenti, ma che né l'imperatore né il papa erano in grado di mantenere.

Sono stata una bambina fin troppo curiosa, e una piccola femmina non doveva avere accesso a informazioni sul mondo esterno al castello, anche se coinvolgevano la famiglia: ma io non lo sapevo e, quando mi accorgevo che era in corso un conciliabolo, mi azzardavo a far domande senza troppe incertezze. Non ricevevo mai una risposta, anzi, il più delle volte venivo sollevata di peso e spostata molte stanze più in là; poi mi mettevano in mano un balocco e chiudevano le porte.

Dopo molte di queste scene, imparai a non chiedere più niente e a fare da sola e, crescendo, sviluppai vari metodi per mantenermi informata: la mia attenzione si scatenava, per esempio, quando arrivava uno sconosciuto a cavallo e chiedeva di mio padre. Inoltre, le riunioni avvenivano sempre negli stessi posti, per cui mi era stato facile trovare angoli del castello dai quali, non vista, ascoltare le loro parole.

Raggiunta la maturità, ero in grado di sapere tutto quel che c'era da sapere nel momento in cui veniva detto, e ben raramente mi sfuggiva qualcosa. Fra l'altro, nei primi tempi di San Ruperto io frequentavo il monastero, ma non avevo ancora deciso di prendere i voti: spesso neppure i miei sapevano se mi trovavo lì o se ero a casa, e questo rendeva per me più semplice essere invisibile. In pratica trattavo gli uomini di casa come dei messi inconsapevoli.

Dunque, ecco i fatti che misero più che mai in allarme la mia famiglia. Il re, nel 1153, si trovò a scegliere il successore del vescovo Enrico I di Magonza, deposto da Federico Barbarossa. E sempre dal Barbarossa arrivò l'ordine di scegliere Arnoldo di Selenhofen come vescovo e cancelliere dell'impero, trascurando le resistenze dei cittadini e del capitolo della cattedrale di Magonza.

Arnoldo, protetto dall'imperatore, tentò di stabilire un dominio pressoché assoluto nel circondario e di conseguenza anche sul monastero. Ma il nostro monastero era legato per motivi spirituali ed economici, o viceversa, al conte Ermanno: grazie alla fama data delle visioni di Ilde, era venuto a visitarci. Questo incontro aveva generato effetti benefici: si convertì e ci donò abitazioni, terreni e altri beni utili al sostentamento. Passava spesso da noi per ascoltare Ilde e chiedere la sua benedizione; finché tutte non arrivammo a chiamarlo "padre".

Tra Arnoldo e il conte Ermanno la guerra scoppiò nel 1155. E tra guerre, divisioni e contese di terre era un continuo uccidere, saccheggiare, devastare, distruggere. Che fossero chiese, castelli, villaggi, capanne, fattorie. Tanto che c'era da chiedersi, dopo le battaglie, che cosa se ne facessero di dominare su luoghi così conciati. Ermanno ebbe poco da combattere e disperarsi, morì l'anno successivo. Per Arnoldo, quel periodo fu un po' più complicato.

Federico, infatti, aveva in animo di prender d'assalto la città di Milano, e Arnoldo fu incaricato di metter su un esercito per la campagna in Italia. Nessuno dei nobili di Magonza aveva voglia di combattere per il Barbarossa, e ancor meno sopportavano le nuove tasse imposte per finanziare la spedizione. Quando, nel 1159, Arnoldo andò a Roma per l'elezione del nuovo papa, lasciò dietro di sé un manipolo di nobili inferociti, per di più scomunicati perché non avevano voluto pagare il denaro richiesto dal Barbarossa. L'arcivescovo sperava che al suo ritorno le cose si sarebbero appianate. E forse sarebbe andata così, se non avesse avuto la brillante idea, insieme con altri cardinali, di eleggere un antipapa, invece di un papa: Vittore IV, con la benedizione del Barbarossa.

A Magonza, tradizionalmente filopapale, le famiglie nobili appresero la notizia e la considerarono lo sgarro definitivo; al suo ritorno, l'anno dopo, lo accolsero passandolo a fil di spada.

Anche mio padre e i miei fratelli dovettero decidere che cosa fare in quella guerra, trovandosi nell'impaccio di vivere nel territorio di uno, Barbarossa, pur desiderando sostenere un altro, il papato. Ma non avendo abilità militari ed essendo preoccupati soprattutto di non perdere ciò che era nostro, stabilirono di rendersi per quanto possibile invisibili, evitando accuratamente azioni e parole che li avrebbero potuti collocare da una parte o da quell'altra e far loro passare guai. L'unica bellicosa di famiglia, alla fine, risultò essere Ilde.

All'interno della neonata comunità di San Ruperto le cose non andavano meglio. Quando decisi di seguire mia sorella nella sua vita da benedettina, lei in un primo momento mi consigliò di non raggiungerla. Mi spiegò solo più tardi il perché.

– Tu non hai idea di quanto si lamentassero quelle sorelle, Clementia. I primi tempi, è vero, vivevamo con poco, spesso mancava l'acqua, non avevamo raccolti. Ma tutte queste nobili... Erano così prive di operosità, così ottuse. Qualsiasi cosa chiedessi di fare era per loro una fatica insopportabile. Se dovevano aiutarmi a spremere l'uva se ne andavano, sdegnate. E lo stesso per piantare alberi da frutto: rispondevano che non ne erano capaci. Ma quante volte avevo insegnato come fare i solchi! S'inerpicavano sempre su scuse di poco conto: dobbiamo pregare, ho male a un piede, la pianta punge. L'unica loro preoccupazione era mantenere vivo il fuoco, avevano sempre freddo. Andavano in giro per il bosco a piccoli gruppi, strette strette, per raccogliere grossi ceppi che trovavano per terra. Nemmeno per il fuoco che tanto desideravano, facevano lo sforzo di tagliare la legna. E comunque indossavano leggeri vestiti a festa, come quelli che portiamo alla messa della domenica. Alla fine, molte se ne andarono. Stupide e viziate! Le nobili maleducate sono il peggio del peggio. Chissà da quale vocazione erano state spinte a San Disibodo.

Fortunatamente la situazione cambiò: le sorelle che avevano deciso di rimanere si rassegnarono ai calli sulle mani e alle vesti sporche di terra, e col tempo ritrovarono anche il sorriso, per cui in capo ad alcuni mesi cominciammo a prosperare. Inoltre la notizia che Ildegarda si era allontanata da San Disibodo si era diffusa, e molti erano i benefattori che offrivano elargizioni o terre, molte le novizie e molti i nobili che affidavano alle preghiere delle monache i corpi dei loro cari: non solo il monastero, ma anche il cimitero si era arricchito. Ilde allora mi concesse di raggiungerla, e mi accolse con gioia.

Chi arrivava poteva scorgere da lontano quella che sembrava una piccola fortezza: circondato da spesse mura, il monastero aveva all'interno un grande orto per la farmacia delle monache, l'infermeria, la cucina, il forno, la dispensa, la cantina, un'altra abitazione per coloro che ci lavoravano. Poi c'era il cimitero. E una chiesa enorme, composta da tre navate e due imponenti torri. I dintorni erano popolati da grandi granai che prima dell'autunno venivano riempiti, talvolta anche circondati, da cumuli di granoturco. Il vescovo aveva donato alle monache un mulino, più a valle. San Ruperto assomigliava alla sua fondatrice: trovarsi davanti all'imponente costruzione e alle attività che la circondavano era come incontrare Ildegarda. Incutevano entrambi il medesimo rispetto e si aveva l'identica sensazione di essere davanti a qualche cosa di grande, e benedetto.

SECONDO MOVIMENTO

PRESTO

IL GIOVANE SCOMUNICATO – 2

Ho deciso di andare con Ildegarda. So che sarà un viaggio faticoso. Perché è lungo e perché lei sarà intrattabile. Io sono vecchia e dovrei lasciar perdere. Ma non l'ho mai abbandonata. E così, andiamo a Magonza. Mi copro bene, faccio caricare nella carrozza qualche coperta in più e un buon bastone per quando saremo arrivate. Partiamo di prima mattina: una volta a Bingen prenderemo il Reno per un lungo tratto, poi scenderemo all'altezza di Oestrich e raggiungeremo Ingelheim via terra. Dormiremo nel paese e il giorno dopo arriveremo a Magonza. Le novizie non bastano, per un tragitto così faticoso. Servono due uomini robusti. Ilde li recluta fra i braccianti del mulino donato dall'arcivescovo.

Ildegarda è ancora agitata. Sdraiata sulla portantina, sollevata e deposta sulla carrozza dai due contadini, sta rannicchiata e si tiene la testa. Non è un buon segno. È rimasta troppo a lungo in chiesa ieri, l'avevo detto. L'umidità non aiuta. Scendiamo da San Ruperto con i cavalli al passo. Attraversiamo Bingen, usciamo dalla città scortati dall'odore di resina e fumo che viene dai legni arsi nei camini, una scia tiepida e familiare che poco oltre non ci segue più. La magistra tace, ha gli occhi chiusi. Non si vedono animali selvatici, e nemmeno le impronte delle lepri. Delle lunghe nevicate è rimasta solo qualche lastra di ghiaccio. Il fiume è impetuoso. Arrivati all'attracco, ci rendiamo conto che il tratto che percorreremo via fiume sarà più complicato del previsto.

Per Ildegarda ogni movimento è un dolore: con l'arrivo dell'inverno la vecchiaia diventa immensa, domina il corpo frustando i nervi e rosicchia le ossa, e quando le membra gridano assordano la mente, fan venire voglia di nascondersi e restare immobili per non farsi tormentare. Ilde non si fa cogliere impreparata da questi attacchi, e comunque non firmerebbe mai la resa. Scende lentissima, ma da sola, dalla carrozza, si sdraia sulla portantina e con ogni cautela viene condotta alla barca dai due silenziosi forzuti. La barca prende la via d'acqua, sobbalza e s'intraversa. Al timone c'è un uomo che dev'essere il suo proprietario e non ci guarda neanche una volta, come fossimo merci. Mia sorella non parla per tutto il viaggio, ogni tanto le sfugge un lamento, che cerca subito di ricacciare in gola.

Approdiamo nei pressi di Ingelheim che ormai è buio. Arriviamo lentamente in paese con un povero carro, trainato da due somari e guidato da un ragazzo vestito da sguattero. È uno dei lavoranti della Locanda del Vino, il posto di ristoro che ci ospiterà: il ragazzo è stato inviato dal padrone, che avevo fatto avvertire con un messo. Ci vengono offerti una buona zuppa e un letto confortevole, ma prima di addormentarmi sento Ilde che si gira e si rigira. Ripartiamo prima che faccia luce, con lo stesso carro. Lo guiderà uno degli uomini, non so nemmeno come si chiamano, forse neppure Ilde lo sa. Del resto non serve: son sempre vicini e, quando lei vuole qualcosa, per ottenerlo le basta parlare con la testa girata verso di loro. D'altro canto sono con noi per condurre i mezzi e per proteggerci dai briganti, non abbiamo altro da chiedere. Sono presenze discrete, prendono ordini e non fanno domande.

Ilde è ancora nervosa, non avrà dormito niente, ha urgenza di parlare con i prelati. Son stata brava fino a ora, ma non resisto più, lascio che vinca la curiosità.

– Che cosa hai scritto in quella lettera?

Il volto le si piega in una smorfia, ha un piccolo sussulto. – Uhm... Cosa hai detto?

– La lettera. Che cosa hai dettato a Ghiberto?

– Ho avuto una visione. Il diavolo udì che l'uomo aveva cominciato a cantare per ispirazione di Dio stesso e capì che attraverso quest'arte si sarebbe trasformato sino a recuperare la dolcezza dei canti della patria celeste...

– Non capisco... Qual è il nesso con il nobile scomunicato? E con l'interdizione?

– Coloro che tengono le chiavi del cielo stiano attenti a non aprire ciò che deve essere chiuso e a non chiudere ciò che deve essere aperto, poiché un giudizio durissimo cadrà su coloro che hanno il governo se, come dice l'apostolo, non presiederanno con diligenza.

– Ildegarda…

– Basta così, sorella. Ora lasciami stare. Devo pensare.

E passiamo il resto del viaggio in silenzio.

San Ruperto

1

La strada che stiamo percorrendo divide due pascoli, ed è tracciata alla meno peggio. La carreggiata è stata segnata dal passaggio di mercanti e contadini e il terreno, anche se umido, è così smottato e pieno di buche che non passa attimo senza che la panca su cui siedo cerchi di disarcionarmi. Ho la nausea, male alla schiena e le colline all'orizzonte mi sembrano giocare su un'altalena, come indecise fra terra e cielo.

Il silenzio fa diventare millenni i minuti, ma non ci provo nemmeno, a insistere con Ilde. So riconoscere quando rivolgerle la parola è a mio rischio e pericolo. È fastidioso come procedere in un folla fracassona facendosi strada a gomitate e spintoni. Non ne vale la pena.

Il silenzio. L'arma più affilata di mia sorella. Mi chiedo se la vicenda del giovane scomunicato farà il giro della valle. Per il momento credo di no. I due contadini con cui siamo partite sono laici, vivono fuori dal convento, e non hanno dato segno di curiosità, né li ho visti farsi cenni d'intesa come fa chi sa e non vuol dire, né hanno mai detto nulla apertamente. Ma dentro le mura si parla, eccome. Tutte le sorelle, novizie incluse, hanno seguito i preparativi rimanendo immobili nei corridoi, affacciate alle finestre delle loro celle, ferme sulla porta della chiesa. Osservavano la preparazione del carro: ognuna di loro parlava con quella vicina senza guardarla, piegando appena il capo, convinta di non essere vista. Erano ben attente a tenere un tono quasi impercettibile. Ma l'hanno fatto tutte nello stesso momento, per cui decine di voci sottili hanno formato un brusio che dalle mura correva fino all'esterno.

Si fosse trattato di un cadavere da seppellire, la faccenda sarebbe stata più semplice. Di morti ce ne sono tanti, e la terra consacrata dove inumarli è sempre poca. Ma il giovane scomunicato era arrivato a Eibingen vivo. Malconcio ma vivo. E di uomini vivi, non vestiti da frate o da servi della gleba, non se ne vedevano mai. Era un fatto eccezionale: per questo aveva scatenato le mille domande che le monache non osavano fare a Ildegarda e alle quali lei non avrebbe mai risposto.

Io credo che sarebbe bastato divulgare una spiegazione innocua, vera o falsa è indifferente, e l'interesse delle sorelle si sarebbe rapidamente dissolto. Invece Ilde è stata imprudente e cocciuta: la sua ostinazione ha alimentato il mistero e la curiosità si è diffusa nella comunità come acqua che cola. Perché il morto, tutte loro l'hanno visto vivo. È arrivato vivo, poi la magistra l'ha fatto sparire. È arrivato vivo e malconcio, l'han tirato giù da cavallo, e l'hanno portato via. È arrivato vivo, vivo, era vivo, questo era il livido coro che trasudava dai muri.

Rivolgo un nuovo sguardo a Ilde: so perfettamente a che cosa sta pensando. Sicuro non a quello che dirà a Magonza. Abbiamo passato la notte a Ingelheim, il che significa "Federico Barbarossa". Fra tutte le locande che potevamo scegliere, fra tutti i paesini che abbiamo attraversato sulla via, proprio lì dovevamo dormire.

Federico Barbarossa. Ilde lo conobbe a Ingelheim, appunto, nel 1155. In realtà, la prima lettera che gli scrisse risaliva a tre anni prima, appena salì al trono per volere dello zio Corrado III. Fin da subito, Ilde l'aveva chiamato a svolgere il suo dovere, ovvero esercitare la giustizia; e a ricordarsi che pur essendo lui un re, il Re supremo avrebbe valutato il suo operato alla fine dei giorni. Il rapporto che c'era tra i due non saprei se definirlo "buono": diciamo che mia sorella lo stimava. Il rapporto che c'è ora, invece, lo definirei senz'alcun dubbio "pessimo". Il Barbarossa, appena gli han messo quella corona in testa, ha cominciato a rivendicare la totale autonomia del suo impero e quindi anche il diritto di scegliere da sé papi, vescovi e tutti quanti i religiosi che potevano essergli utili. Ilde diceva che tutto di lui, persino la sua camminata, emanava tracotanza.

Nel subbuglio che si era creato tra papato e impero, dopo la morte del papa Adriano IV, nel 1159, il Conclave si divise: i cardinali elessero Alessandro III, ma una minoranza filoimperiale scelse come proprio pontefice un altro cardinale, che prese il nome di Vittore IV. Federico propose un concilio a Pavia, per cercare di sanare lo scisma, ma Alessandro III non si presentò (era stato eletto per volere di Dio e solo da Dio poteva essere giudicato). Da qui fu tutto un lancio di scomuniche: Vittore scomunicò Alessandro, che a sua volta scomunicò Vittore e pure Federico, sostenitore del "suo" papa. Vittore IV morì nel 1164, e tutti speravamo che fosse finita lì. Ma Federico elesse un altro papa, Pasquale III, messo lì a bella posta contro Alessandro III.

Ilde fino ad allora si era tenuta fuori da questo scontro e aveva conservato, con Federico, il suo ruolo di consigliera spirituale. Tanto che, solo un anno prima, l'imperatore ci aveva concesso il privilegio della sua protezione, per tutelare San Ruperto in quegli anni di guerre intestine. Ma quando arrivò la notizia dell'elezione di Pasquale, Ilde non si trattennc e prese di nuovo tavoletta e stilo: «Vedo che ti comporti come un bambino, anzi come un pazzo. Sta' attento che il sommo Re non ti pieghi fino a terra per la cecità dei tuoi occhi che non sanno bene come tenere in mano lo scettro per ben regnare».

Ma Federico probabilmente pensava di vederci benissimo e di tenere lo scettro altrettanto bene: quattro anni dopo ne elesse un terzo, di antipapa, Callisto III. Ildegarda gli scrisse ancora, sempre più combattiva: «Prestami ascolto, o re, se vuoi vivere! Altrimenti la mia spada ti trafiggerà!». Barbarossa non le rispose mai, né gli passò per la testa di sottomettersi ad Alessandro III. Io non l'ho mai conosciuto il Barbarossa, né visto. Ma i racconti su di lui erano molti: non era alto, ma neppure basso. Robusto, dall'aspetto gentile, bello, con un'espressione serena che gli dava un che di maestoso, come si confà a un imperatore. E aveva effettivamente la barba rossa, come i capelli. Dicevano che avesse un animo ardente e un ingegno acuminato, ma che a volte scadeva in atteggiamenti triviali, si faceva improvvisamente collerico.

Il motivo per cui Ildegarda è ancora tanto indignata, anzi, lo è sicuramente di più adesso rispetto a dieci anni fa, è che Alessandro III assolse Federico dalla scomunica. Infatti, dopo la terribile sconfitta del re a Legnano contro la Lega Lombarda (le lotte con i comuni al di là delle Alpi proseguivano ininterrotte da anni), nel 1177, a Venezia, venne siglata la pace. Raccontano che Federico si scusò per tutto quello che aveva perpetrato contro il papato, si scrollò di dosso l'antipapa. Alessandro, in cambio, gli tolse la scomunica.

A Ilde non è piaciuto l'atteggiamento quasi servile di papa Alessandro nei confronti di Federico, né questo scambio di favori. Rimaneva dell'idea che uccidere, a Federico, piacesse più del dovuto.

2

È stato alla Locanda del Vino, la sera del nostro passaggio a Ingelheim, che ho capito qualcosa del dialogo fra sordi di Ilde e Barbarossa. La locanda era una grande stanza al piano terra di una costruzione in pietra piuttosto vecchia: c'erano cinque, sei tavoli in legno bisunto, potevano accomodarsi sei o otto persone per ciascuno. Due erano occupati. Su ogni tavolo erano poggiati due ampi candelabri accesi, quindi la luce, anche se faceva ballare le ombre in maniera fastidiosa, non mancava.

L'oste, che si chiamava Everardo, era un uomo alto, molto magro, calvo e con braccia irsute che uscivano dalle maniche arrotolate di un camicione rosso scuro. Aveva la fronte attraversata da parte a parte da tre rughe ben scavate perché stava abitualmente con il volto aggrottato: infatti, quando entrammo, per prima cosa ci fulminò con un'occhiataccia. Subito dopo, però, ci riconobbe come gli ospiti che attendeva, e di quella faccia accigliata non rimase traccia. Le rughe sembrarono distendersi e il suo sorriso divenne quanto di più accogliente potessimo desiderare. Un buon oste è sempre così. Everardo ci accolse allargando le braccia ma rimase a distanza, ci indicò un tavolo.

– Per la veneranda Ildegarda di Bingen, il mio tavolo più luminoso.

Disse il nome con enfasi, a voce più alta, e gli altri avventori si girarono a guardare. Il tavolo non era affatto il più luminoso, aveva lo stesso numero di candele degli altri, ma era al centro della grande stanza. Ildegarda diede subito segni di insofferenza e parlò a voce bassa ma con un timbro acido che non incoraggiava la conversazione.

– Signore, siam qui per una notte e vorremmo ristorarci, faccia portare ciotole di zuppa per tutti, e acqua. Subito, per piacere, perché vorremmo ritirarci al più presto. Partiremo domattina senza attendere il favore della luce.

Everardo incassò l'ordine senza fiatare e senza far sparire il sorriso. Le ciotole comparvero in un minuto.

– Quindi sareste voi, sorella, la celebre Ildegarda.

La voce non era quella dell'oste. Veniva da uno dei due tavoli occupati, che si trovava alle nostre spalle. A parlare era uno del luogo: l'uso del voi era caratteristico del volgare che si parlava nei dintorni di Magonza.

Ilde non si girò. Lo feci io e mi trovai al cospetto di un uomo di mezza età, con i capelli color paglia, un poco arruffati, che lasciavano spazio a una fronte molto alta. Era serissimo e aveva la faccia rigata di sudore raggrumato, impastato con terra di campo. Parlò seccamente, ma con lentezza.

– Che cosa ci fa qui, la monaca che ha infastidito l'imperatore?

Ilde non si mosse. Non mangiava. Il suo sguardo puntava diritto, sorvolava i tavoli vuoti e finiva contro la parete sul fondo della stanza. Mi diede l'impressione che sapesse esattamente che cosa stava succedendo.

L'uomo si alzò in piedi e proseguì.

– Forse dovrei dire meglio: la monaca che ha provocato l'imperatore, lanciando anatemi dal suo regno dorato, rimanendo al sicuro.

Visto che Ilde non dava segno di reagire, gli risposi io.

– Perché parlate in questo modo alla magistra?

Feci bene? Feci male? Non so. Ma l'uomo prese a camminare verso di noi e si fermò a un metro dal nostro tavolo. Poggiò entrambi i pugni sul ripiano guardando ora me, ora Ilde. Emanava odore di vinaccio, ma non era certo analfabeta. Parlò di nuovo.

– Quando la qui presente santa donna cominciò a bersagliare l'imperatore con i suoi improperi, pensando di generare chissà mai quali benefici, visto che lui è l'imperatore e lei neppure una badessa, Barbarossa era qui, a Ingelheim. Sulle prime il re non sembrava aver preso sul serio le missive della signora, ma quando arrivò la lettera in cui lei gli dava del matto e lo minacciava con una spada di fuoco, egli esplose in un attacco della sua malfamata rabbia. Scese al portone e uccise con le sue mani il messo che era rimasto in attesa di ordini, poi mi fece cercare, trascinare al castello. E il risultato è questo.

L'uomo si girò di spalle, sollevò la camicia, che era chiara ma sporca di terra, e scoprì la schiena. Era solcata da una decina di cicatrici, che qui scavavano la carne, lì si ergevano in rilievi scuri. Erano segni di frustate. Le ferite erano rimarginate, ma era la sola cosa in quell'uomo a non sanguinare più.

– Portate via con voi le vostre benedizioni, che le vostre maledizioni hanno cattiva mira. E da domani, signora, guardate oltre il vostro naso, pensate alle conseguenze di quel che fate: siete potente abbastanza da colpire i vostri bersagli, ma non abbastanza da abbatterli. E in mezzo c'è gente disarmata.

Ilde non aveva mosso un muscolo, io non sapevo che fare, per fortuna arrivò Everardo. Prese dolcemente per le spalle l'uomo e lo ricondusse al suo posto. Poi mi risparmiò il dilemma se chiedergli o meno chi fosse.

– Lodovico era uno degli scrivani del re. Finì frustato perché Barbarossa non lo aveva trovato al suo posto il giorno in cui arrivò la cosiddetta "lettera del matto". Federico avrebbe voluto risponderle per le rime, ma Lodovico non era al castello. Era nella sua casa, qui in paese, e ne aveva diritto, perché il suo lavoro per quella giornata era terminato. Barbarossa aveva altri scrivani al suo servizio, ma in quel momento gli era venuto in mente il suo nome, e accecato dall'ira si era incapricciato di far scrivere lui e lui soltanto, a Ildegarda. Livido di rabbia, lo fece catturare e portare nel cortile del castello. Ordinò che gli venissero somministrate venticinque frustate, in un uomo normale sono quasi una condanna a morte. Rimase a guardare fino all'ottava, poi, ancora schiumando, se ne andò. Il carnefice, che aveva eseguito la sentenza in preda al terrore, si fermò subito. Lodovico si salvò e il giorno dopo venne accompagnato via dal castello. Oggi fa il bracciante nei campi di grano. L'imperatore non l'ha più cercato. Crediamo abbia preferito dimenticare anche lui quell'orribile giornata.

Sono certa che Ilde sapesse qualcosa di questa storia, o di un'altra simile. Quando Everardo si fu allontanato disse solamente: – Ritiratevi. Ho detto che domattina voglio tutti in marcia prima che faccia luce. Pagheremo al nostro ritorno. – Lei rimase seduta e non volle essere aiutata ad alzarsi. Ci scacciò con un gesto della mano. Dovemmo andare a dormire lasciandola lì. Che cosa sia accaduto dopo, solo lei lo sa. E forse Lodovico.

3

Sono ormai ore che Ildegarda sta zitta, con gli occhi chiusi. L'orizzonte sta scivolando verso tinte pastello. Non che a me dispiaccia che lei pensi, il problema è che, se pensa lei, sono costretta a pensare anch'io. E io, ora, ho proprio finito i pensieri.

– Ilde? – Nessuna risposta. – Ilde, ma dormi? – Ancora niente, provo a toccarle il braccio. – Dormi?

– No, sorella.

– Nei primi tempi, appena arrivai a San Ruperto, anche allora stavi sempre zitta.

– Sei tu che parli troppo. La regola del silenzio non fa per te.

– Sarà… Questo viaggio è la mia punizione, allora.

Finge di non avermi sentito.

– Quello fu un periodo tremendo. Riccarda, sua madre, suo fratello, l'arcivescovo, il papa…

È vero. Quando Riccarda, eletta badessa del monastero di Bassum, se ne andò da San Ruperto, o venne portata via (a seconda di chi racconta la storia), Ildegarda si oppose con tutte le sue forze, mise in mezzo persino il papa, Enrico III. Bassum è nella diocesi di Brema, in Sassonia, e chi aveva il controllo di quella diocesi era, guarda caso, il vescovo Hartwig, fratello di Riccarda. Ilde ha sempre ritenuto che quel compito, a Riccarda, gliel'avessero imposto i familiari. L'ambizione della giovane, poi, aveva fatto il resto. Ildegarda, disperata, scrisse la prima lettera indirizzata alla madre di Riccarda, la marchesa von Stade: «Questo potere nella funzione di badessa, come tu desideri, certo, certo, certo non è in accordo con Dio. Per questo guàrdati dall'essere rovina della sua anima. Dio illumini e conforti il senso e l'anima tua in questo tempo breve che ti resta da vivere». Così, senza degnarsi di usare le formule di rispetto dovute alla posizione gerarchica occupata dalla marchesa. Né la preghiera, né la profezia bastarono. L'arcivescovo Enrico di Magonza, forte della paternità spirituale sul nostro monastero, le scrisse parole perentorie: «Se farai quanto ti è chiesto, avrai da ora in poi esperienza del nostro favore; altrimenti, in caso contrario, gli stessi ordini ti saranno inviati di nuovo con ben altra forza, e non desisteremo fino a quando non avrai obbedito».

Ilde, al solito, non obbedì. E scrisse, scrisse e scrisse ancora. Aveva passato la vita a lottare contro la simonìa e a opporsi alla ragion di Stato quando inquinava le cose spirituali, e tutto questo si era abbattuto proprio sulla sua prediletta. Ottenere cariche per motivi dinastici è un'abitudine, qui. E la ragione è che molti dei monasteri sorti nell'ultimo secolo sono stati fondati da nobili e aristocratici; che ci tengono a mantenere la proprietà di ciò che, a guardar le intenzioni, avrebbero dovuto costruire per Dio.

Ildegarda brandiva lo stilo, confidando di scrivere parole acuminate; purtroppo, era efficace come se impugnasse una delle sue erbe. «Non sapete che cosa fate, quando le funzioni ecclesiastiche fondate in Dio le prodigate a seconda delle disponibilità di denaro, affidate alla stoltezza di uomini perversi, che non hanno timore di Dio. I vostri scettri così superbamente levati non hanno radici in Dio, ma nelle pene della presunzione della vostra volontà di male». Enrico rimase impassibile.

Poi fu la volta di Hartwig: «Ora ascoltami, prostrata come sono ai tuoi piedi con lacrime e lacerazioni perché triste è l'anima mia. Il fedele non vada alla ricerca di cariche più elevate. Se lo avrà fatto, volendo essere maestro nella sua mente inquieta, desiderando il piacere del potere, piuttosto che l'osservanza della volontà divina, è lupo rapace nella sua persona». Di nuovo la risposta fu negativa, di nuovo Ilde pareva una bestia in gabbia, impotente. Arrivò a scrivere al papa, ma ancora una volta senza risultati.

Lei, che odiava coloro che cedevano alle intemperanze, cedette. E in quel periodo di obnubilamento, maltrattò se stessa, maltrattò le consorelle e Volmaro, maltrattò me. Quanto desideravo poterle regalare un'ora di tregua, in quella lotta.

Riccarda, come ho già detto, l'ho vista per poco. Quando arrivai a San Ruperto la partenza della giovane era prossima e il decorso della notizia, arrivata da qualche mese, aveva già fatto in tempo a incrinare il rapporto tra le due. Ilde non le parlava più: era arrabbiata con lei perché non pareva dar segno di ribellione, ma come sempre aveva rifiutato di arrendersi a una realtà ineluttabile, contro la quale non aveva vere e proprie armi. Si era quindi lanciata in quella solitaria lotta epistolare, e in quei giorni al monastero ogni suo passo lasciava la scia della sua furia.

Riccarda non era preparata a una reazione così decisa, sembrava aver paura di rivolgerle la parola, o forse era vergogna, e quindi a sua volta evitava accuratamente di incontrarla. Non appena scorgeva da lontano la magistra, cambiava strada, se poteva faceva dietrofront, oppure diventava piccola piccola, camminando rasente ai muri. C'era qualche cosa di innaturale, perfino di ridicolo in queste scene, che invece avevano una causa così drammatica per entrambe. E l'atmosfera era ancora più strana, perché nessuna delle due parlava con noi. Era come se due fantasmi attraversassero i corridoi, era possibile vederli se ne incrociavamo la strada, ma niente altro.

Feci qualche domanda qua e là, alle altre sorelle. Sorprendentemente, le due non si erano andate subito a genio, quando Riccarda arrivò a San Disibodo. Era poco più che una bambina, e sulle prime si era mostrata fin troppo vitale, una signorina di buona famiglia esuberante e ficcanaso. Nemmeno al resto del monastero piaceva granché. Ma dopo qualche tempo era emerso un altro lato della sua personalità, anzi, un vero e proprio secondo carattere, assai ombroso, che non aveva punti di contatto con il primo: era come se Riccarda fosse ora una, ora un'altra. Per esempio, non amava la compagnia delle monache, stava spesso da sola, sedendo nell'orto, in una sua assorta preghiera. Poteva rimanere così anche qualche ora. Ma appena vedeva la magistra o ne sentiva i passi, si riscuoteva, la raggiungeva e prendeva a camminarle accanto, come il cane segue il padrone, e all'improvviso diventava nuovamente loquace fino all'impertinenza. La sommergeva di parole e di domande.

Quando Ilde la congedava o se non aveva tempo per tenersi la giovane attaccata alla veste, Riccarda tornava a chiudersi nel suo misterioso mondo: si ritirava in qualche posto a pregare, oppure passava giornate intere in biblioteca. L'abate le aveva concesso di studiare alcuni volumi; meglio, si era piegato alla richiesta della potente famiglia von Stade. L'unico momento in cui tutte la vedevano era l'ora dei pasti: a quelli non poteva sfuggire perché era obbligatorio consumarli insieme. Ma pure allora, che avesse la bocca piena, o nei momenti tra una pietanza e l'altra, anche se intorno al grande tavolo comune eravamo ben pigiate, Riccarda riusciva a mantenersi distante, se non con il corpo, di certo con la mente. Sembrava non vedesse l'ora di potersi alzare. L'effetto che sortiva era fastidioso: anche se non diceva mai niente di scortese (non diceva niente del tutto), emanava l'odore del disprezzo.

Ildegarda, i primi tempi, aveva cercato di mantenere un conveniente distacco tra maestra e allieva. Era capitato che la giovane sbirciasse le ore di lavoro di Ilde e Volmaro, nei pressi della cella della magistra. Ilde lasciava sempre la porta socchiusa, perché le sorelle potessero interromperla senza il timore che risultasse un'intrusione. Riccarda di quella fessura aveva fatto il proprio tesoro: si piazzava non vista e ascoltava le discussioni, i racconti di Ilde, i commenti di Volmaro.

Con il passare dei mesi cominciò a non nascondersi più. Chiedeva permesso da fuori, e anche se non riceveva una risposta esplicita – i due, immersi nel lavoro, a volte nemmeno sentivano – entrava e rimaneva accanto alla porta, armata di un'attenzione vorace.

Mia sorella non le impediva nulla né interveniva mai; ma, dato che la conosco, sono convinta che si accorgesse dei suoi movimenti e, anzi, avesse preso a studiarla.

Passò altro tempo, e un po' alla volta Riccarda smise di preoccuparsi di non essere vista né sentita; Ilde e Volmaro, con il loro silenzio, continuarono ad assentire alla sua presenza ogni volta che lei avanzava, conquistando porzioni dello spazio che la divideva da loro. Finì così: le sorelle vedevano Riccarda (quella ciarliera e determinata) camminare verso la cella di Ilde disinvolta come se avesse acquisito un diritto. La ragazza andava a prendersi uno sgabello e lo posizionava così vicino a quello del frate che quasi gli urtava il gomito, arrivando a infastidirne i movimenti quando doveva scrivere. Ogni tanto allungava l'indice sulla pergamena: – Fratello Volmaro, scusami se mi permetto, ma guarda che qui ci vorrebbe *ae*, non *e*.

Solo allora Ilde non poteva più tacere, si ergeva per qualche istante a educatrice e le ricordava di esercitare con più zelo la virtù dell'umiltà.

Ma mia sorella aveva già capito che l'istruzione della nobile, oltre che, per così dire, incoraggiata dalla famiglia von Stade, sarebbe risultata utile anche a loro: avrebbe potuto dare un contributo alla faticosa stesura dello *Scivias*. E così, qualche tempo dopo, ne fece la sua aiutante.

Ilde aveva notato la doppiezza della giovane, ma probabilmente riteneva che non lo facesse apposta, altrimenti l'avrebbe allontanata. E poi, quando era nella sua versione silenziosa, Riccarda si comportava come una monaca esemplare. Era molto attenta a non far nulla che potesse essere criticato: dalla preghiera, allo studio, alle abitudini quotidiane, ai turni di lavoro cui tutte noi eravamo obbligate. Quanto all'altra Riccarda, Ilde si lasciò conquistare. Cominciò a apprezzarne il carattere eccessivamente vitale, ma anche capace di ascoltare e imparare velocemente gli insegnamenti. Era fiera di esserle madre e magistra. Io credo che Riccarda sapesse il fatto suo.

Le due iniziarono a passare sempre più tempo insieme. Se Volmaro era indaffarato altrove, o stanco, Riccarda prendeva il suo posto, e in quelle ore dispensava una tale allegria da finire col contagiare anche Ilde, che incline al sorriso proprio non era.

La giovane era entusiasta del ruolo che le era stato affidato, e le sorelle si accorsero che la visibile scontrosità dei primi mesi andava sfumando verso una specie di goffa cordialità. Davvero simpatica, dicono, non lo fu mai, e quel bizzarro modo di essere non attecchì comunque; ma anche di questo parve che a lei non importasse, perché non fece alcuno sforzo ulteriore per essere accettata nella comunità. Riccarda era a suo agio solo quando si metteva a lavorare sugli scritti di Ilde: davanti alle tavolette le due monache si facevano serie, e lavoravano con quella concentrazione sincera che prima di allora avevo visto solo in Volmaro.

– È stato il dolore più grande della mia vita. La lettera che scrissi a Riccarda ce l'ho impressa nella memoria: «Ascoltami, figlia, ascolta la madre tua che in Spirito ti dice: il mio dolore è sempre più alto. Il dolore distrugge la grande fiducia e consolazione che ho avuto nell'uomo. Dirò soltanto: è bene sperare nel Signore piuttosto che nei potenti. Sono andata oltre questo per amore di un essere umano di nobile natura. Ora ti dico: o me infelice, madre, o me infelice, figlia, perché mi abbandonasti come orfana? Ho amato la nobiltà dei tuoi comportamenti, e la sapienza e la castità, e la tua anima e tutta la tua vita. Ora piangano con me quanti hanno provato un dolore simile al mio dolore, che ebbero tanta carità nel proprio cuore e nella propria mente rivolta a un essere umano, come io l'ho rivolta a te, a un essere che è stato loro strappato nello spazio di un momento, come tu mi sei stata sottratta...».

La voce, forte e limpida all'inizio della frase, si indebolì e svanì in un soffio.

La lettera che arrivò in risposta non era firmata da Riccarda. Era di suo fratello, Hartwig. Riccarda era morta il 4 novembre dell'anno 1152: «Ti rendo noto che la nostra sorella, mia e ancor più tua, ha preso la via che prende ogni carne, e non ha avuto apprezzamento per l'onore che le avevo attribuito. E con tutto il suo cuore, in lacrime, ha desiderato il tuo chiostro. Se la morte non l'avesse impedito, sarebbe tornata da te».

Non sono convinta che Ilde sia mai riuscita a sanare quel dolore, a riempire quella mancanza. Però aveva capito che nelle faccende terrene il denaro, così come il sangue, vince sempre sulla verità; e capire acquieta. Rese grazie a Dio perché aveva destinato Riccarda al trionfo celeste, lontana dall'orrore del mondo e dalla crudeltà degli uomini.

4

A Ildegarda non importa che si sia fatto buio. Abbiamo tirato tardi e ha saltato i Vespri, a lei è concesso, visto che si muove con tanta difficoltà. Invece a parlare è svelta, e concentrata sui pensieri.

– Ricordo che quando ci siamo trasferite a San Ruperto, la gente era felice per il nostro arrivo. È stata una buona scelta costruire il monastero a ridosso della città di Bingen: con nostra sorpresa, ci sembrò subito che gli abitanti sentissero il bisogno di un riferimento spirituale più grande di una semplice chiesa piantata fra le strade. Avevano fame di qualcosa che indicasse loro una via cristiana diversa da quella bellicosa che spingeva potenti e povera gente a guerreggiare avendo ormai dimenticato il perché. Avevano sete di essere di nuovo cristiani con semplicità e purezza.

– E bastò un monastero in periferia, a far comparire d'incanto tutto questo?

– Ho visto una quantità di cose nella mia vita. Abitudini, costumi, modi di pensare. Ma quella più importante, che non è cambiata mai, neppure al variare di gente e luoghi, è che alla lunga anche i più duri di cuore si stancano della confusione. E quelli erano tempi molto confusi. Tutti patiscono il vuoto che scava intorno alla loro anima, anche se han pane e companatico. I cittadini di Bingen avevano più del necessario, e mancava loro l'indispensabile. Per questo, credo, eravamo tenute in grande considerazione. Ci amavano. E per questo speravo che le nostre difficoltà fossero finalmente terminate.

Bingen, all'epoca, era uno dei principali centri di commercio e scambio sul Reno: aveva già l'aspetto di una città. Da secoli era sede di un enorme mercato e i suoi mercanti avevano raggiunto città lontane, come Coblenza e Treviri. Era anche uno dei punti di ristoro e di smistamento sulla via del sale: le chiatte stipate di "oro bianco" si fermavano, scaricavano e ripartivano con altre merci. I cittadini regolavano direttamente la vita pubblica: nel 1160, la comunità approvò di sua iniziativa l'aumento delle tasse per restaurare quel che rimaneva delle vecchie mura e costruirne di nuove.

Anche San Ruperto gode di vantaggi. Infatti proprio qui la Rheinuferstrasse, tra Magonza e Colonia, incrocia le antiche strade romane che corrono lungo la Nahe fino a Metz e attraversano l'altopiano dell'Hunsrück fino a Treviri: passa molta gente, tanti chiedono di noi, molti si fermano a pregare per il loro viaggio, e tutti portano con loro, come il polline sulle api, il nome di Ildegarda.

Dopo i primi anni, intensi e convulsi all'interno e all'esterno del monastero, Ilde decise che, per svolgere appieno il compito che Dio le aveva affidato, non bastava più scrivere lettere a destra e a manca, non poteva più limitarsi a rispondere a coloro che le scrivevano. Doveva viaggiare, andare a parlare nelle piazze, nelle chiese, nei monasteri. Gli anni procedevano, io e Ilde avevamo raggiunto i sessanta, ma sembrava che, insieme con l'età, anche il suo coraggio aumentasse.

Un nuovo problema, dopo le visioni, il monastero, le lettere a papi e imperatori, era confrontarsi con uno dei punti fondamentali della Regola di san Benedetto, ovvero la *stabilitas loci*: le monache erano legate per tutta la vita al monastero dove avevano preso i voti, perché solo così potevano dedicarsi completamente alla preghiera e al lavoro. Invece, fu per Ilde un periodo di viaggi frenetici, tanto numerosi da poterla confondere con uno di quei monaci girovaghi osteggiati da san Benedetto, e tanto lunghi da mettere in dubbio il rispetto di questo voto.

Il primo di questi viaggi fu intorno al 1158, verso est. Arrivò a Würzburg e Bamberga percorrendo i fiumi a bordo di una piccola barca: prima il Reno, poi il Meno, fino a raggiungere tutta la regione dello Steigerwald, fatta di bassi rilievi, boschi di querce e faggi, intervallati da grandi campi coltivati a vite e una miriade di piccoli laghi dove i contadini andavano a pescare. A Bamberga Ilde fece visita a una comunità benedettina di uomini, San Michele, e a due monasteri femminili, San Teodoro e Santa Maria: da tempo intratteneva una corrispondenza con l'abate di San Michele e con una delle badesse, Lucardis. In quell'occasione le due si videro di persona. Fu un incontro intenso e illuminante per i padroni di casa: Ilde, appena tornata, trovò al monastero una lettera della badessa, con la quale pregava di accoglierla a San Ruperto. Mia sorella, consapevole dell'alta carica di Lucardis, la richiamò al suo compito, esortandola a coltivare e nutrire il suo giardino di anime.

Il ritorno al monastero avvenne quasi un anno più tardi. Ilde era stanca e malata. Ci vollero alcuni mesi perché si riprendesse, e intanto si occupò di san Ruperto, delle sue monache, e anche di qualcun'altra, lontana ma a lei simile.

Una di queste era Elisabetta, la magistra del monastero di Schonau, che si trova a tre giorni di cavalcatura a sud di San Ruperto. Elisabetta aveva varie cose in comune con Ilde: come lei, era entrata in convento in tenera età; come lei, era poi stata eletta superiora dalle consorelle, senza ricevere il titolo di badessa, perché il monastero femminile dipendeva dall'abate, suo fratello Egberto; come lei criticava aspramente le aspirazioni temporali della Chiesa, soffriva di continue malattie in corrispondenza delle visioni e come lei aveva scritto tre libri basati su di esse, si dice spinta dal fratello, cui era molto legata.

C'erano però alcune differenze, non trascurabili: Elisabetta sperimentava l'estasi e ci rimaneva per settimane, parlando con Gesù Cristo e con la Vergine. Inoltre, la sua condotta in seno alla Chiesa, sul lato politico, sembrava ambigua, poiché Egberto, vicino alle posizioni del Barbarossa, aveva appoggiato l'elezione dell'antipapa Vittore IV e lei non lo aveva rinnegato.

Ma quel che più irritava Ildegarda era la posizione sorprendentemente estrema che Elisabetta aveva preso nei confronti della corruzione della Chiesa: per sottolineare le sue critiche e viverle nella carne, si infliggeva dure e rigidissime pene ascetiche.

Mia sorella provava affetto sincero per quella cristiana tormentata. Le scrisse quasi le fosse madre, più che consigliera: «Ascolta, mia inquieta sorella! Il suggerimento dell'ambizioso serpente talvolta cerca di accattivarsi proprio quegli uomini che Dio ha istruito con la sua ispirazione. Infatti quando il serpente adocchia una gemma preziosa, si alza sibilando da terra, domandando "Che cos'è mai questo?" e con molti pensieri angustia il cuore, il quale allora arde dal desiderio di volare al di sopra delle nubi – come ha fatto egli stesso – come se gli uomini fossero simili agli dei. E ora stammi ancora a sentire! Coloro che desiderano realizzare le opere di Dio devono sempre rammentarsi di essere vasi d'argilla, in quanto creature umane, e devono volgere costantemente lo sguardo a ciò che sono e che diventeranno. Devono lasciare le cose celesti a colui che è celeste, essendo stati cacciati a loro tempo e ignorando, in quanto tali, le cose celesti. Essi annunciano i misteri semplicemente, come una tromba che emette sì un suono, ma senza produrlo lei stessa. È un altro, infatti, a soffiare dentro di lei così da farla risuonare. Costoro devono togliersi la corazza della fede, essere docili, miti, poveri e disprezzati come lo fu l'Agnello. Da parte sua, invece, Dio punisce sempre coloro che suonano la sua tromba e cura che il vaso d'argilla non si spezzi, che anzi lo compiaccia. O figlia, ti conceda Dio di essere uno specchio della vita! E così pure a me che, malata di pusillanimità di cuore e ripetutamente paralizzata dalla paura, talvolta risuono come un debole squillo di tromba della luce vivente. Mi aiuti Iddio a perseverare al suo servizio».

Conosco questa storia perché avevo chiesto a Ilde di quella badessa, una sera in cui un messo di Schonau si presentò a San Ruperto e chiese di parlare con lei. Quando il messo se ne andò, Ilde sembrava molto turbata. Le chiesi che notizia le aveva portato. Mi rispose con un sospiro, sembrava quasi di rimorso, e mi raccontò tutto. Elisabetta era tornata al Signore, a trentacinque anni. Ma c'era qualcosa in più a mettere così in agitazione mia sorella, e non era tanto la morte della badessa, quanto la sua vita. Rovistò in una cassettiera, estrasse una pergamena e me la mise in mano. Era la minuta della lettera con cui aveva cercato di ammonirla.

– Ah, Elisabetta! Santa e peccatrice, un giorno tutta spirito, un giorno tutta mondo... Avrei potuto scriverle anche il doppio delle volte, ma non sarebbe servito: portava un peso che non poteva reggere.

– Perché, sorella? Tu sei in un'età che pochi hanno visto arrivare, eppure hai trascorso una vita faticosa, nel corpo e nell'anima.

– Il fatto è che le sue visioni la privavano della coscienza e del controllo del suo corpo. Era uno spettacolo terribile: le monache di Schonau raccontavano che, se non fossero state certe della fede di Elisabetta, avrebbero pensato che fosse posseduta. Durante le estasi il suo corpo era sottoposto a febbre e tremori, la sua pelle diventava più bianca e si velava di sudore gelido. E mentre sul suo volto si disegnava ora lo sgomento, ora un sorriso di gioia, gli occhi rimanevano aperti e fissi, le palpebre non si muovevano e non potevano ripulirli. Il più delle volte non era in grado di muoversi, quindi veniva sdraiata a letto, e dopo qualche ora le sorelle incaricate di assisterla dovevano proteggere il suo volto e idratarlo con una pezzuola di lino inumidita. Non mangiava e, quanto a bere, le monache dovevano versarle acqua a gocce negli angoli della bocca. Riemergeva da questo stato dopo giorni, a volte molti, ed era così deperita da non essere in grado di alzarsi da sola. Dettava quanto aveva visto e ascoltato con la poca voce che riusciva a trovare. Ma la maggior parte del tempo dormiva. A ogni estasi, le sue condizioni peggioravano. A causa dell'immobilità, le estremità si facevano livide, la schiena le si copriva di piaghe e le giunture si gonfiavano, i muscoli si irrigidivano. Dopo qualche tempo così costretta, anche respirare le diventava difficile, come Cristo fissato alla croce. Solo il sorriso tornava a presentarsi. No, non era posseduta. Era consegnata.

Nel 1160 Ildegarda partì di nuovo, questa volta verso ovest e poi verso sud, attraversando paesaggi meno gradevoli: passò l'altopiano dell'Hunsrück per visitare Treviri, quindi s'imbarcò, navigò la Mosella per scendere fino a Metz, e si fermò a Krauftal, sul fiume Saar, e a Hordt, sul Reno.

Treviri era una città complicata, rifugio per eretici e, nell'ultimo periodo, si era riempita anche di sostenitori dell'antipapa. Proprio qui, Ilde, durante la festa della Pentecoste del 1160, tenne un sermone di tale forza che la notizia giunse persino a Bingen. Si rivolgeva alla comunità ecclesiastica e al clero: non avevano adempiuto ai loro doveri, non avevano fatto squillare la tromba della giustizia. Per questo la città si era ritrovata corrotta e abitata dal male: – In verità, questa è un'epoca effeminata che vede al potere un tiranno che spinge a ogni sorta di inganno e di dolo. Il tempo presente non è né caldo né freddo, ma solo squallido. Dopo questo tempo, ne verrà un altro che riporterà forza virile in mezzo a grandi pericoli, paura, ingiustizia, ferocia. In questo tempo, l'errore degli errori soffierà, come i quattro venti soffiano e sommergono il mondo, con calunnie e maldicenze e tra grandi pericoli. – Tutti quegli uomini di chiesa vennero colpiti senza alcuna timidezza da minacce e anatemi, e da una donna... Una donna che vedeva nei loro comportamenti la causa della mollezza dei tempi: senza forza né coraggio, tiepidi, indifferenti alla virtù. Loro erano responsabili dell'allontanamento da Dio, loro dovevano pentirsi e convertirsi. Quando tornò a casa cominciai a notare quante energie questi viaggi le costassero.

Ma la scarsa salute non la fermò mai. Due anni dopo lasciò di nuovo il monastero sotto lo sguardo vigile di fratello Volmaro. Si diresse verso nordovest. Attraversò il ponte Drusus, che tagliava la Nahe e collegava Bingen al resto della regione. Scese al Reno e con la solita piccola barca seguì il corso del fiume e dei suoi affluenti, Sieg e Ruhr. Visitò monasteri e città, si fermò a Marienberg, Andernach, Siegburg e Werden, per poi sbarcare a Colonia.

Andernach ospitava il monastero delle monache di Santa Maria, che Ilde già conosceva bene. Una decina d'anni prima aveva avuto a che dire con la badessa di quel monastero, Tengswich, donna anziana e conservatrice. La superiora aveva scritto a Ilde una lunga lettera: «Alla convivenza con voi ammettete soltanto giovani di origine elevata e di famiglia nobile, mentre alle altre di origine non nobile e meno provviste di dote negate quasi la vostra presenza»; e aggiungeva che adornare le sorelle di gingilli era una scelta poco consona rispetto alla vita spirituale che avevano intrapreso.

Tengswich aveva fatto visita a Ildegarda, una volta, a San Disibodo, e nel coro che avevano tenuto in suo onore, aveva visto alcune sorelle con i capelli sciolti, lunghi veli bianchi di seta che toccavano terra, altre che indossavano corone intarsiate d'oro con delle croci su entrambi i lati e sul retro, mentre sulla fronte pendeva l'immagine dell'agnello. Le dita, poi, erano piene di anelli.

Ilde le rispose che da nessuna parte era scritta alcuna proibizione esplicita riguardo ai gioielli e che, durante i giorni di festa, era uno dei modi da lei scelto per onorare il loro sposo, Cristo. E che «Dio esercita su ogni persona l'esame che è frutto di discernimento, in modo che l'ordine inferiore non si sollevi al di sopra del superiore, come fecero Satana e il primo uomo. Si eserciti dunque la discrezione, affinché un insieme di persone diverse, riunito in un unico gregge, non sia soggetto a dissipazione per la superbia dell'innalzamento di stato e per la vergogna della diversità. Dio distingue il suo popolo in terra come anche in cielo, separando angeli, arcangeli, troni, dominazioni, cherubini e serafini. E tutti questi sono amati da Dio ma non hanno nomi uguali».

Dopo questa risposta a muso duro da parte di Ilde, nessuna notizia arrivò più dal monastero di Andernach ed è probabile che anche mia sorella si sia fermata qui, per non inasprire ulteriormente i rapporti.

Dunque, fu Colonia la meta principale di quel viaggio. Nel 1162 tenne un altro dei suoi aggressivi sermoni di fronte al vescovo, Filippo di Heinsberg, agli ecclesiastici, al popolo, agli eretici. L'eresia catara si era diffusa in tutta l'Europa Centrale e Colonia era una delle città dove più aveva preso piede.

Ilde si opponeva furiosamente al loro credo, lo riteneva ripugnante. Professavano che tutta la materia, inclusa la sua creazione, fosse male e causa del male. E negavano il mistero dell'Incarnazione: Gesù non è Verbo incarnato, ma un angelo inviato sulla terra. Mia sorella rispondeva che Dio aveva creato le cose terrene come "strumenti per l'istruzione del genere umano, al servizio degli esseri umani", "esse con l'uomo, l'uomo con esse", dipendenti l'uno dalle altre. E, con le parole di Gesù, diceva: – Questa infatti è la volontà del Padre mio, che chiunque vede il Figlio e crede in lui abbia la vita eterna; io lo resusciterò nell'ultimo giorno.

Ma, a sentire Ilde, il vero problema non erano i catari: non erano avidi, non erano avari, dicevano di condurre una vita casta e predicavano con passione. Peggio di loro, purtroppo, era il clero, incapace di richiamare i laici all'ascolto della vera parola di Dio, abbandonandoli alle menzogne degli eretici: – Le vostre lingue reagiscono mute al risuono sonoro della voce di Dio. Siete notte, un popolo che non lavora e che per pigrizia non cammina nella luce. Talvolta siete soldati, talvolta schiavi, talvolta buffoni. Voi siete di cattivo esempio agli altri, perché non esiste il minimo ruscelletto di buona reputazione che scorra da voi. Avete solo azioni ingiuste senza il bene della conoscenza.

L'ultimo viaggio è recente, quattro o cinque anni fa: mi pare ancora di vederla, quella carrozza ballonzolante che si allontana dal monastero. Prima che partisse, cercai più volte di dissuadere mia sorella. Si era ammalata per due volte dopo il viaggio a Colonia, e gravemente, anche per quaranta giorni di fila. Correva un serio pericolo. Ma aveva dichiarato di aver avuto una visione: perciò la discussione era conclusa. La convinsi a prendere con sé almeno due consorelle perché la aiutassero. E nel 1170 partì, dirigendosi verso sud, in Svevia. Fece tappa al monastero di Maulbronn, a Hirsau, nella Foresta nera, dove c'era un'abbazia benedettina in decadenza a causa di lotte intestine, poi a Kirchheim e a Rodenkirchen, fino a Zwiefalten. Lì, riteneva di dover richiamare le comunità prive di fervore, che avevano "imboccato la strade mondane dell'ingiustizia" e annunciare il Vangelo in tutta la regione.

A Kirchheim, alla presenza del decano Werner, parlò della Chiesa: nelle sue visioni era una bellissima donna, con un viso luminoso e un abito splendente, ornato di perle e pietre preziose. Ma il viso si faceva improvvisamente lercio, la veste lacerata. E la donna diceva: – Coloro che dovevano prendersi cura di me, i sacerdoti, mi hanno coperto il viso di polvere, hanno strappato il mio vestito, ridotto il mio manto a una cosa fatta di ombra e le mie scarpe le hanno completamente annerite. Proprio chi mi avrebbe dovuto adornare in ogni particolare mi ha lasciata nel bisogno. Imbrattano il mio volto quando, affetti dall'impurità dei loro smodati costumi, dallo sporco fetidume delle prostituzione e dell'adulterio, dalla irruente avidità della peggior specie di compravendita di ogni cosa, celebrano il mistero e ricevono il corpo e il sangue di mio Figlio. E così lo insudiciano, come se un bambino venisse posto in mezzo agli escrementi dei maiali.

La vecchiaia non migliora il carattere.

5

Prima di intraprendere i viaggi per la Germania, Ildegarda, messo un punto allo *Scivias*, aveva continuato a brandire lo stilo. Alcune parti del monastero erano ancora in costruzione, ma lei dedicava tanto tempo a seguire i lavori quanto ne spendeva per l'educazione delle monache.

Ci mise a disposizione una piccola opera sulla vita di san Ruperto, che aveva scritto appena messo piede nel nuovo monastero, per farci capire l'importanza e la santità di quel luogo. Poi si occupò della formazione pratica delle sue figlie.

Le sue conoscenze mediche sono una distesa di fiori, profumi, piante, tutte coltivate nell'orto appositamente per questo o quell'altro disturbo. E proprio nell'orto quasi tutti i giorni ci riuniva, noi consorelle, e ci spiegava come la salute sia influenzata da quattro elementi presenti nell'universo: il secco, l'umido, il freddo e il caldo. L'universo e l'uomo, diceva, sono così legati che uno influisce sull'altro e che Dio risplende nei nostri corpi come risplende nella foresta più scura. Come gli elementi che compongono il cosmo, sono quattro anche gli umori del corpo umano: linfa, sangue, bile gialla e nera. Sono diversi da persona a persona e quindi, prima di consigliare una cura, è necessario effettuare una attenta visita del paziente. Per raggiungere l'equilibrio mentale e corporeo, gli umori dell'uomo devono intersecarsi con gli elementi dell'universo.

Poi ci mostrava erbe e fiori, le enumerava e le nominava una a una. Per il mal di testa e il mal di stomaco si prescrive la mentuccia, per la nausea è consigliato il cumino, per il raffreddore il tanaceto, per l'epistassi l'aneto o l'achillea millefoglie; mentre l'ortica serve per recuperare energie durante i cambi di stagione e l'olio ricavato dalle sue foglie aiuta contro la debolezza di memoria.

Sa un sacco di cose anche sulle pietre: ai bugiardi e agli iracondi suggerisce di tenere in bocca un diamante; il topazio fa da antidoto per qualsiasi veleno e si può usare anche contro il dolore agli occhi, dopo averlo lasciato a bagno nel vino per tre giorni; la perla, sciolta nell'aceto, cura il mal di testa; per eliminare le macchie del viso è utile strofinare sulla pelle un'ametista; per il mal di cuore, dice di appoggiare una pietra di diaspro sul petto fino a quando il calore del corpo non l'ha riscaldato e di ripetere l'operazione fino alla guarigione.

I poteri curativi delle piante e delle pietre, spiegava a tutte noi, sono dovuti alla *viriditas*. Le veniva così bene quella parola in latino che quasi non sapeva tradurcela. È una sorta di energia verdeggiante, vitale, che quindi germoglia e produce frutti. Scorre in tutto ciò che esiste, dalle piante all'uomo, ed è dimostrazione della presenza di Dio, dell'unità del creato. Mi ricordo che una volta si alzò una mano dal gruppo di sorelle: una di esse le chiese come mai, se il creato è unito e intriso di bene, l'orso uccide e mangia il pesce, come mai ci sono animali che rubano le uova nei nidi e insetti che si nutrono di altri insetti. Ilde rispose che la vastità e complessità del creato comporta che tutte le cose, anche se a noi paiono contraddittorie, esistano in un loro ambito e con una funzione, creando così armonia, e questa è la vera gloria della natura. Essere più forte della morte.

La *viriditas* non innerva solo il corpo dell'uomo, ma anche la sua mente, i suoi comportamenti. Per questo, un uomo dedito al peccato cadrà più facilmente in malattia. Ilde sostiene che l'opposto della *viriditas* è la malinconia, che è un inaridimento dello spirito. Solo contrastando i vizi con le virtù è possibile iniziare un percorso di guarigione.

Ilde riunì tutte queste informazioni in un'unica opera, che completò intorno al 1158, dal titolo *Liber subtilitatum diversarum naturarum creaturarum*.

Ma il concetto di armonia non è limitato alla natura: è proprio della musica e, anzi, è elevato nella musica. Ilde dice: – Il corpo, in verità, è il vestito dell'anima, che ha una viva voce. E perciò è giusto che il corpo, attraverso la voce, canti con l'anima lodi a Dio. – Ilde, che aveva vissuto accompagnata dal canto dei

Salmi di David, e da quelli dell'Officio e della Messa, ha sfruttato quelle stesse note per scrivere canti nuovi, in nulla simili, pensati per essere eseguiti dalle consorelle. – Componi canti in nuovo stile, – le avevano detto. In effetti erano diversi da quelli che avevo sempre sentito, perché le note fluivano ascendendo da gravi ad acute, quasi a innalzarsi fino alla volta celeste. Erano libere, senza rime, ma con parole così belle da sembrare poesia. Eppure prendevano vita senza rinnegare la tradizione.

Negli stessi anni in cui parlava di piante e ci spiegava le qualità nascoste delle pietre, Ilde raccolse le sue composizioni nella *Symphonia harmoniae caelestium revelationum*, sempre con l'aiuto di Volmaro. Così, alla presenza del frate, ci insegnava quelle note cantandole. Lui ripercorreva la musica canticchiandola a sua volta per poi trascriverla con una strana scrittura. Sul foglio, da un margine all'altro, erano segnate quattro linee che generavano tre spazi: qui Volmaro poneva dei segnetti, a volte quadrati, a volte simili a piccoli diamanti, che rappresentavano le note. La loro forma e la loro posizione rispetto ai righi indicavano la loro altezza e la loro ampiezza. Ma Ilde tutte queste cose non le sapeva. Il canto, per lei, era una dote innata dell'uomo, al pari del gracchiare delle cornacchie o del gracidare delle rane, del raglio degli asini. Non componeva, lei, ma semplicemente si esprimeva. Alla fine vennero raccolti settantasette brani, da eseguire durante la messa, divisi tra antifone, inni, responsori e sequenze.

Ilde ci aveva anche dedicato l'*Ordo virtutum*, una sacra rappresentazione i cui protagonisti facevano chi la parte dell'anima, il personaggio principale, chi quella delle virtù, chi quella del diavolo. L'anima veniva assalita dal diavolo ma le virtù accorrevano in suo aiuto, sconfiggendo il male. Tutte cantavamo, tranne il diavolo che era l'unico ruolo recitante. In realtà gridava e basta, perché l'armonia, per lui, non esiste.

Tra le pergamene su cui Ilde appuntava le sue opere, ce n'erano alcune con dei segni ancora più strani e difficili di quelli che usava Volmaro. Una volta avevo trovato, nella sua stanza, tavolette piene di questi scarabocchi, e ognuno di questi era affiancato a una lettera dell'alfabeto latino. Quando le chiesi il significato di quella bizzarra operazione mi rispose che era un alfabeto nuovo, lettere nate per essere spirituali, staccate dal linguaggio terrestre e quindi più vicine a Dio. Le chiamava *Litterae ignotae*, e le aveva concepite guardando le cose strane che scriveva Volmaro quando riportava la musica che Ilde ci insegnava. Avrebbe voluto che le usassimo tra di noi, a formare parole solo a noi comprensibili: quella lingua segreta ci avrebbe fatto sentire parte di una comunità ancora più unita, i cui membri erano intimamente connessi tra loro. Collegata a Dio con un linguaggio originale e solo suo, quasi un tesoro.

Le ultime due opere che conoscevo erano una *Spiegazione della regola di San Benedetto* e una sul

Simbolo di Sant'Anastasio. Erano entrambe opere di insegnamento. Mi aveva raccontato che una piccola comunità le aveva chiesto chiarimenti sulla Regola, perché era stata accusata di non averla rispettata. Allora Ilde ne aveva parlato anche con noi, ricordandoci le tre virtù che avremmo dovuto tenere sempre presenti, in ogni nostra azione: la discrezione, l'umiltà e l'obbedienza. Avere il rispetto di queste voleva dire seguire anche tutte le altre. Ma, secondo il suo parere medico, la moderazione era più importante dell'ascetismo: i digiuni erano opportuni solo se si era affetti da una malattia.

Ilde tornò dal viaggio a Colonia preoccupata per la diffusione delle eresie. E fu probabilmente questo il motivo per cui ritenne necessario spiegarci di nuovo e più accuratamente la Trinità e l'Incarnazione. Me ne ricordo bene perché l'immagine che usò è immediata e indimenticabile: le Persone sono come un albero, sono Dio uno e trino perché Dio Padre è la radice di tutto, il Figlio è il frutto e lo Spirito è la forza vitale, grazie alla quale anche per noi Egli è conoscibile, perché noi stessi facciamo parte della *viriditas* che scorre in noi, che ci dona forza ma non è razionalmente del tutto comprensibile. È come se, grazie alla *viriditas*, noi condividessimo una lingua comune a Lui e a tutto quanto il creato, una lingua che tutti comprendiamo, e con la quale rispondiamo.

6

A volte ho l'impressione che Ildegarda abbia avuto in dono che i suoi giorni durassero il doppio di quelli delle persone comuni. Sa troppe cose di troppi argomenti per una persona sola, carica di responsabilità, malaticcia e con la missione straordinaria di diffondere nel mondo, e per iscritto, la parola di Dio. E l'orto deve aver avuto un ruolo, in tutto questo. Quando era più giovane, dopo averci passato qualche ora, sembrava aver moltiplicato il suo vigore, solo per aver maneggiato le piante.

Ricordo una tarda mattina in cui ci incrociammo: io compunta nelle mie riflessioni dopo le preghiere della Sesta, lei gagliarda nello sguardo, con la veste lercia e due ceste piene di vegetali. Mi salutò tutta sorridente, lo presi per un invito a seguirla e così feci. Finimmo in refettorio, lei poggiò le verdure e cominciò a parlare, al solito come se fosse da sola o se stesse facendo lezione a una folla.

– Se si vuole rimanere sani, e se si vuole guarire da una malattia, bisogna stare attenti a quel che si mangia. La *viriditas* nascosta nella natura è in grado di rigenerare ogni parte del nostro corpo. Soprattutto il farro.

– Il farro?

– È il cereale migliore, perché riscalda e ingrassa. Rigenera il sangue, rilassa l'animo e rende l'uomo più allegro. In qualsiasi modo lo si prepari, sia come pane che come altro cibo, è buono e ben digeribile. Anche l'avena va bene, ma solo se si è sani, mentre non alimenta adeguatamente il malato, perché si aggruma nello stomaco. L'orzo è il cereale più debole, e tende a far danni ai sani e ai malati.

– Allora dovremmo mangiare solo farro?

– No, di piante commestibili e utili ce ne sono diverse: il finocchio favorisce la digestione e dà al corpo un buon odore, e poi anch'esso fa bene all'umore, come il farro. I fagioli vanno benissimo se si è sani, meglio ancora in forma di farina. Ma sono anche una cura efficace per l'intestino: bisogna cuocerli a lungo nell'acqua, aggiungere strutto od olio, poi togliere i fagioli.

– Una minestra di fagioli senza fagioli.

– Contano gli umori. Comunque, molte verdure danno risultati migliori se le si cuoce. Prendi la rapa: la *viriditas* della sua buccia è nociva per l'uomo, ma se la si toglie e si cuoce solo l'interno, se ne ricava un cibo che cura gli ascessi. Anche il sedano è meglio che sia cotto, e soprattutto la cipolla: molto velenosa da cruda, se viene bollita cura la febbre e la gotta. Per la frutta è uguale. Le mele devono esser cucinate, a meno che non siano un po' appassite e grinzose, per esempio d'inverno: allora van bene per sani e malati. La mela cotogna, essiccata al forno, cura i reumatismi ed elimina le sostanze tossiche dal corpo. Le ciliegie sono insidiose, perché non fanno male, ma quando se ne mangiano troppe causano dolori di pancia. Per questo è buona norma accompagnarle con un bicchiere di vino. Anche le pere, meglio se son cotte in acqua: così da togliere lentamente le sostanze nocive che contengono, mentre essiccate al fuoco si scalderebbero troppo velocemente, non purificandosi per tempo. Il loro effetto benefico è di eliminare la putrefazione che abita lo stomaco.

Mentre parlava, muovendo le mani come se toccasse le piante di cui stava trattando, Ildegarda sembrava non accorgersi più di nulla intorno a sé.

– Poi ci sono i frutti di bosco, di cui è bene non trascurare le differenze. Il ribes è una pianta calda e il suo succo va sempre usato mescolandolo con altri frutti. Le more vanno bene per tutti, si digeriscono con facilità; i mirtilli nascono dalla stessa corrente d'aria che nutre il sangue, quindi non sono certo dannosi. I lamponi sono frutti freddi: per curare la febbre e l'inappetenza bisogna farli bollire, berne l'acqua la mattina e appoggiare i frutti caldi sullo stomaco per un'oretta. Questa operazione va ripetuta per tre giorni. Gli agrumi allontanano le sostanze nocive che causano la febbre.

Ildegarda aveva finito di dividere e riporre quanto aveva raccolto, così da far trovare tutto in ordine alle monache incaricate della cucina.

– Ilde, se le verdure van così bene, significa che le carni sono da evitare?

– No, le carni si comportano come le verdure. Il pollo va bene per i sani e per i malati, però un malato grave deve mangiarlo cotto con altre carni, perché da solo è troppo asciutto. E deve evitare il pollo arrosto. Lo struzzo è ottimo per gli epilettici, perché elimina i dolori al cervello. E il suo fegato è eccellente per risanare gli uomini malinconici. Il capriolo allevia i dolori e il cervo ha un fegato che guarisce dai reumatismi. I polmoni dell'agnello curano la tosse e l'asma, mentre il sugo della sua carne va bene per chi soffre di malattie delle vene, a patto che il malato beva spesso. Contro l'ernia, si mangi carne di capra, e chi ha dolori di stomaco ne mangi spesso, e fino a metà agosto, il fegato arrostito: funziona da purgante.

Poi Ildegarda tacque, si ripulì le mani con una pezzuola e uscì di fretta. Ero così sorpresa, sia dallo zelo con cui mi aveva concesso le sue spiegazioni sia dal suo improvviso silenzio, che non dissi una parola neppure io. Misi la testa fuori dalla porta del refettorio e la guardai allontanarsi. Appena prima di scomparire dietro una curva in fondo al corridoio, la vidi rallentare, alzare le braccia e portarsi le mani alle tempie. Al tempo, ancora non sapevo perché. Però in quell'attimo mi presero un tremore alle mani e un calore al volto che nessuna ricetta della magistra avrebbe potuto sanare.

Mi appoggiai al muro e rimasi lì, in piedi, fino a che non fui sicura che non l'avrei potuta incontrare di nuovo, almeno per quel giorno.

7

Mi ero accorta che quando Ildegarda tornava dai suoi viaggi pastorali o dai suoi incontri politici, il suo comportamento cambiava, e aveva due fasi: prima, vinta dalla fatica, trascorreva qualche giorno nella sua cella, mangiava poco o niente e stava per la maggior parte del tempo sdraiata sul pagliericcio. Poi, riprese le forze, inaspettatamente rimaneva appartata altri giorni, e faceva chiamare di quando in quando Volmaro. A volte gli allungava una pila di tavolette, oppure lo comandava di rimanere lì, a cavallo dell'entrata, e gli dettava frasi. E lui scriveva e scriveva.

Quando, mesi dopo l'oscura chiacchierata sullo *Scivias*, tornai a battere alla porta del frate, gliene chiesi il motivo.

– Ha scritto un altro libro, ecco perché.

– Così, dettandoti le cose ogni tanto?

– Son stati i viaggi a ispirarla. E forse i viaggi hanno contribuito anche a muovere delle nuove visioni. In questo caso, pure il pessimo comportamento delle monache di fronte alla fatica, quando venne eretto San Ruperto, deve avere avuto una parte nella sua conoscenza della natura umana. Quella circostanza la deluse, ma le aprì anche gli occhi. Vedi, Ildegarda è una buona osservatrice e, quando incontra qualcuno, è come se potesse leggere oltre l'apparenza e l'ipocrisia dei discorsi, quasi potesse ascoltare i pensieri e carpire le intenzioni dell'interlocutore. Poi mette insieme volti e parole: disegna e ridisegna ogni volta una mappa dell'umanità. Ti sarai accorta che è anche una raccoglitrice forsennata. Elenca tutto, fa liste di continuo: di buoni e di cattivi, di amici e di avversari, di peccati e di virtù, di malattie e di cure. Liste quasi sempre compilate a coppie: per Ilde tutto è doppio. Ha fatto perfino una lista di nuove lettere dell'alfabeto, anche questa doppia: un segno creato da lei accanto a ogni lettera latina. Tutto ben incolonnato. Santo cielo, ha inventato un alfabeto, una lingua sotto la lingua. Per farne che cosa non lo so, credo sia preoccupata per i troppi nemici e pensi che prima o poi dovrà comunicare in segreto. Spero che non perda il senno.

Glissai sul fatto che non solo sapevo della lingua segreta, ma che talvolta la utilizzavo.

– Non credo che elencare la farà ammattire. È il suo modo per tenere in ordine il mondo. Piuttosto, dimmi delle visioni.

– Quelle, chissà. Lo sanno lei e nostro Signore. Sospetto che la sua ossessione per compilare di tutto provenga da un ordine dell'Altissimo. Infatti le visioni e le liste arrivano sempre insieme. Le sue tavolette sono sempre piuttosto intricate. Le divide in due colonne: su quella a sinistra, ampia circa per due terzi, scrive gli appunti che descrivono i momenti salienti delle visioni, mentre nello spazio che rimane sul lato destro compila le liste, in verticale. Il risultato è piuttosto fitto e scarabocchiato, leggerle mi fa diventare matto. Quando mi vedi seduto per ore all'ingresso della sua cella, il più delle volte sto chiedendo a Ilde come decifrare quel che ha scritto. E per fortuna sono parole normali, non nella sua strana lingua…

– Dimmi del libro.

– Lo ha chiamato *Liber Vitae Meritorum*. Mi è costato una gran fatica, ma almeno non ho dovuto disegnare né miniare, non ha voluto immagini. Questa volta Ilde ha scritto proprio degli uomini, dei loro vizi e delle loro virtù. E quindi, per estensione, dell'incontro della Parola con la Carne. È un manuale morale di vita per il cristiano, buono per essere letto ad alta voce nei refettori, o ai fedeli, o a quelli che fedeli non sono.

– Insomma, tratta dei sette peccati capitali…

– Magari! Trentacinque, ne ha trovati! Trentacinque vizi accoppiati a trentacinque virtù. Ancora una lista… L'opera è composta di sei sezioni, divise ognuna in una infinità di capitoli, che servono a commentare le visioni. Ogni sezione comincia con la descrizione di una variante della stessa immagine. Si tratta di un uomo così alto che, con i piedi piantati sul fondo dell'oceano, si spinge fino al cielo e volge lo sguardo in tutte le direzioni: nella prima sezione, a est e a sud; nella seconda, a ovest e a nord; nella terza, a nord e a est; nella quarta, a sud e a ovest, nella quinta, osserva tutto il mondo; nella sesta, attraversa la Terra nelle sue quattro parti, oriente, meridione, occidente e settentrione.

Avevo temuto che mi parlasse di nuovo di cose intricate e umilianti per una persona semplice come io sono. Invece quest'opera sembrava diversa, scritta per tutte noi, e il mio interesse si accese.

– Ti ha spiegato come le è venuto in mente di mettersi in cammino su un terreno insidioso come il peccato?

– Lei si mette sempre in cammino su terreni insidiosi. Questa volta, invece che partire con carro e cavalli, ha fatto di meglio, ha usato me come cavallo e lo ha scritto. Ascolta.

Volmaro aveva una pila di libri sul tavolaccio dello scriptorium, e il *Vitae Meritorum* era non lontano dalla cima. Lo prese senza faticare. Lo aprì e lesse un brano dell'introduzione, affettando una certa solennità: «Quando avevo sessantuno anni, il che succedeva nel 1158 dall'Incarnazione di Nostro Signore, mentre ero ancora soggetta alla pressione della Sede Apostolica e mentre Federico regnava come Imperatore dei Romani, udii una voce dal cielo che mi disse: "Fin dall'infanzia sei stata istruita, non nel corpo, ma nello spirito, dalle vere visioni dello Spirito del Signore. Riferisci di queste cose che ora vedi e senti. Perché dalla prima delle tue visioni altre visioni ti furono mostrate, simili al liquido latte. Altre, invece, ti furono svelate come cibo dolce e morbido. E altre ancora ti furono svelate come cibo solido e perfetto. Parla e scrivi perciò adesso in accordo con me e non secondo te stessa". Misi la mia mano ad annotare la testimonianza di quella persona che, come ho detto in precedenti visioni, avevo riservatamente cercato e trovato».

Volmaro alzò la testa: – È un po' più spiccio, ma è andata come per lo *Scivias*. È sempre la Luce Vivente l'autorità che induce Ildegarda a scrivere.

– Spiegami questa cosa dei vizi, io conosco solo quei sette e mi sembravano abbastanza.

– Trentacinque. I vizi e le corrispondenti virtù sono descritti nelle prime cinque sezioni, che cominciano con una visione, in cui appare Dio, rappresentato dal grande uomo che ti dicevo: la testa sta nel puro etere, dalle spalle alle cosce è immerso tra le nuvole, fino alle ginocchia è nell'aria terrestre, e più giù, fino ai polpacci, è immerso nella terra, dai polpacci ai piedi sta nell'acqua dell'abisso, senza sprofondare. Ilde, che spesso pare scrivere in modo incomprensibile, in realtà nei suoi libri è molto geometrica: ogni sezione fa riferimento a un punto cardinale, a una parte del corpo umano e a uno dei cinque sensi. Lei commenta in abbondanza le sue visioni, le riempie di riferimenti biblici e si sofferma volentieri a descrivere la penitenza provocata dal vizio di cui sta parlando, cosicché chi legge sappia quanto sia meglio convertirsi e, soprattutto, gli si accapponi la pelle. La sesta sezione è liberatoria, finalmente dedicata alla gioia dei beati e alla bellezza cui sono destinati.

Devo confessare che, da povera monaca, come mi era successo con la lettura dello *Scivias*, ero sconcertata. Avevo la coscienza divisa. Da un lato, la puntigliosità con cui Ilde analizzava la meschinità degli uomini mi dava una certa euforia: con tutti i mali e tutte le virtù a mia disposizione ben elencati per iscritto, potevo pensare di evitare gli uni, come si fa con un ostacolo visibile, e abbracciare le altre. Ma, per contro, questa foresta di peccati mi sembrava troppo fitta per essere attraversata senza che io venissi toccata dai suoi rami putridi, e nulla mi dava garanzia che sarei stata capace di curarmi con le virtù corrispondenti. Quando cominciava a martellare con le sue visioni, Ilde faceva vacillare la mia fede, invece che irrobustirla. E comunque mi sentivo scoperta, circondata dalla fastidiosa sensazione di poter essere giudicata da un momento all'altro. Dovetti soffocare un moto di ribellione.

– Ma come fa un semplice uomo a far fronte all'esercito di tentazioni cui è sottoposto durante la sua vita? Ci si può salvare solo se si ha meno tempo per peccare, cioè se si muore giovani?

– Ilde sostiene che Dio ci fornisce armi in abbondanza, molto specifiche ed efficaci: le virtù che vengono opposte a ciascun vizio sono la via perché l'uomo possa recuperare la sua natura, pur imperfetta, di figlio di Dio nell'anima e nel corpo, tutte le sue funzioni e il suo ruolo nell'universo: l'uomo domina il cosmo solo dominando se stesso. È un dominio che lo realizza pienamente e lo cura, anche dalle malattie. Infatti, se le sue energie non possono dispiegarsi, si rivoltano contro di lui, e diventano nocive per una parte del corpo o un'altra.

– Quindi vizi e virtù sarebbero tutti in coppie: se accanto al vizio in cui si cade si trova la virtù che risana, per un peccatore la salvezza sarebbe a portata di mano...

– Quanto la salvezza sia a portata di mano dipende dalla volontà con cui il peccatore si ricongiunge con Dio. Comunque è esatto, sono tutti in coppie. L'amore dei beni terreni e quello dei beni del cielo; l'insolenza e la disciplina; la sfrenatezza del divertimento e la modestia o verecondia; l'egoismo e la misericordia o compassione; l'ignavia e la vittoria di Dio; l'ira e la pazienza; la sconsiderata allegria e il desiderio di Dio; l'ingordigia e la moderazione; l'asprezza del cuore, o critica, e la generosità autentica; la mancanza di pietà e lo spirito di preghiera; la menzogna o fallacia e la verità; lo spirito di contesa e la pace; la mancanza di misura e la discrezione; la perdizione delle anime e la salvezza spirituale; l'orgoglio e l'umiltà; l'invidia e la carità; la vanagloria e il timor di Dio; la disobbedienza e l'obbedienza; il rifiuto della fede e la fiducia in Dio; la disperazione e la speranza; la lussuria e la castità; l'ingiustizia e la giustizia; la pigrizia, il torpore e il coraggio, lo zelo e la fortezza; l'oblio di Dio e la santità; l'incostanza e la costanza; l'affanno delle cose terrene e il desiderio delle cose celesti; l'ostinazione e la compunzione del cuore; la cupidigia e il disprezzo delle cose del mondo; la discordia e la concordia; l'impertinenza e il rispetto degli altri; l'agitazione, la vita girovaga e la stabilità; il maleficio, le pratiche occulte e il vero culto di Dio; l'avarizia e la pura sufficienza; la tristezza di questo mondo e la gioia celeste...

Sentivo di nuovo un'ansia bollente salire dai piedi alla testa.

– Santo cielo, Volmaro, alla fine non c'è scampo, o si è santi o si è dannati.

– Credo che sia dovuto alla sua esasperazione per i continui dissidi in seno alla Chiesa, che per lei sono una croce posta più in alto delle altre: e infatti i vizi vengono presentati in forme mostruose. Si sofferma su di essi più di quanto tenga a descrivere la bellezza delle virtù corrispondenti.

Io ascoltavo, non feci altre domande e Volmaro continuò: – Prendo un esempio, l'ira e la pazienza. Leggo: «L'ira aveva volto umano; se non che la sua bocca era come quella di uno scorpione e aveva distorto gli occhi al punto che se ne vedeva più il bianco che le pupille. Anche le sue braccia assomigliavano a quelle di un uomo, ma le sue mani si incurvavano in lunghi artigli. Aveva petto, ventre e dorso come un granchio, ma gambe come una locusta e piedi come una vipera. Era imbrigliata nella ruota sospesa di un mulino, cosicché di questa con le mani teneva i raggi più alti e coi piedi poggiava su quelli più bassi. Non aveva capelli, ma era completamente nuda, e dalla bocca scaturivano grandi lingue di fuoco». E poi, ecco le sue parole: «Io opprimo e abbatto tutto ciò che mi reca offesa. Perché sopportare un'offesa? Ciò che ciascuno vuole che io non gli faccia, neppure lo faccia a me. Io ferisco di spada e colpisco di bastone, se qualcuno mi ha recato offesa». La pazienza risponde: «... tutto ciò che inizio porto a termine, persevero, nessuno opprimo, ma ho tutto in tranquillità. E nessuno mi condanna. Ma se tu erigi una torre, con una sola parola io la distruggo e ne disperdo tutte le macerie. Così tu perirai. Io invece rimarrò in eterno». Ecco, Clementia. con quest'opera Ildegarda ci dice che dobbiamo scegliere da che parte stare. E ci indica quella giusta.

Avrei voluto commentare che mi era difficile immaginare un uomo mischiato con locuste e vipere, ma poi mi erano venuti i brividi. Io non ero incline ad arrabbiarmi, ma poteva sempre capitare.

– Ho capito, Volmaro, basta così.

– Ho capito anche io. Non è tutto così orribile, adesso ti leggo un passo della sesta sezione: «La fede è il vessillo della vittoria: come fiamma luminosa, essa mostra la retta via e irriga con la rugiada della speranza la mente dei fedeli che sospirano alle cose celesti e che, avendo in sé la *viriditas* della carità perfetta, sono solleciti nel fare del bene a tutti. Con il soffio soave della penitenza levano nella preghiera il loro lamento. Come la brezza fa fiorire i fiori, il calore del desiderio del cielo produce un frutto eccellente... È nell'uomo che Dio ha portato a compimento tutte le sue opere. Quando l'uomo si volge alla vita spirituale, è simile a un animale che corre verso il suo padrone. Così, l'uomo porta tutto nella sua carne, quando domina in se stesso tutto ciò che è terreno: per questo è chiamato il vessillo dell'armonia celeste. Quando, in una celeste vittoria, egli calpesta il diavolo e gli affanni del mondo, le opere dello Spirito Santo dimostrano il potere degli elementi».

Dovevo essere rossa in volto e, anche se cercavo di nascondere l'emozione, ansimavo. Volmaro se ne accorse: – Credo che tu possa rilassarti, Clementia. E soprattutto tornare alla tua cella. Non sarebbe conveniente farci sorprendere qui.

S'era fatto buio, fuori, e io non sapevo ancora se uscire dallo scriptorium terrorizzata da quelle visioni infernali o confortata dalle virtù che le avrebbero scacciate, se solo avessi avuto la forza di seguirle. Non lo capii neppure in seguito e non me ne feci mai una ragione. Per mia fortuna, Ilde aveva dimenticato di occuparsi di qualche peccato, per esempio la curiosità.

TERZO MOVIMENTO

ALLEGRO MODERATO

IL GIOVANE SCOMUNICATO – 3

A Magonza non c'è stato niente da fare. C'era da aspettarselo: presso la sede vescovile mia sorella è stimata e anche temuta, ma non è molto gradita. Negli anni ha scritto a quella comunità un bel po' di lettere, tutte critiche, scomode, rabbiose. Eppure Ildegarda non ha ancora smesso di stupirsi.

– Ma com'è possibile? Pensano solo al loro tornaconto.

– È tutta la vita che ce l'hai con loro. È vero, sono terragni e corrotti. Ma sai, con le tue predicazioni, da Treviri, a Magonza, a Colonia, ti sei fatta più nemici che amici. E dovresti essere una monaca di clausura!

– Io predico castità e purezza. Loro se ne fregano dei fedeli: sono ricchi, avidi e pieni di vanità. Barbarossa elegge i suoi papi come nulla fosse, prima Vittore IV, poi Pasquale III! E questi incolpano me per aver dato sepoltura a un cristiano? Per un'opera di misericordia? Le mie parole sono giuste: Gesù disse a Pietro che era necessario perdonare non fino a sette volte, ma fino a settanta volte sette!

– Ilde, perfino a San Disibodo, il monastero da

cui provieni, non ti amano. Hai costruito San Ruperto, hai spostato lì tutte le sorelle: gli hai sottratto risorse, ricordi che lotta abbiamo sostenuto con l'abate Cunone per la dote delle monache?

– Ho sempre agito, scritto e parlato secondo giustizia. È la Luce Vivente che mi guida. E non è finita qui.

Sapevo che non sarebbe finita così. La sua franchezza eguaglia il suo coraggio. E se l'una le attira antipatie, l'altro le moltiplica le forze e le dona la perseveranza necessaria per affrontare le conseguenze delle sue decisioni. Perseveranza, o cocciutaggine...

È cocciutaggine. Quando si ha perseveranza, si tiene conto delle conseguenze. Ilde certe volte no: questa, per esempio. E, anche se si è mostrata sorpresa dall'interdetto, si è strappata i capelli per i divieti e l'umiliazione che ha comportato, lei lo sapeva, di correre dei rischi. Nessuno tranne Ilde ha mai saputo chi fosse, quel giovane scomunicato, né che cosa avesse fatto di così grave per aver subito la scomunica. Quel che è certo è che era cristiano; ripensando ai fatti, credo fosse un uomo prostrato, che la scomunica aveva gettato nel panico.

Quando quel ragazzo arrivò a Eibingen, io mi trovavo a San Ruperto. Non sono sicura che fosse un caso. Ilde mi aveva avvertito che sarebbe rimasta al monastero di là dal Reno per qualche mese – così a lungo non era mai capitato – ma non mi disse perché. Mi chiese, però, di gestire l'amministrazione della comunità in sua assenza. Come ho già detto, le sorelle che facevano la spola fra i due monasteri non tardarono a chiacchierare, e di lì a poco, anche tutte le altre.

Raccontavano che una sera – era l'inizio di febbraio e tutto era ricoperto di neve perché alla fine del mese precedente era venuta giù una bufera mai vista – aveva bussato al portone di Eibingen un cavaliere. Quando gli venne aperto, c'era Ilde in persona ad accoglierlo. Parve a tutte che la magistra lo stesse aspettando. Scese dalla cavalcatura con gran fatica, come se fosse ferito o febbricitante, e poco dopo Ilde diede ordini precisi: per ospitare il ragazzo venne allestito un paglericcio in uno dei fienili che costeggiavano i campi di nostra proprietà, abbastanza vicino da essere raggiungibile in pochi minuti, e abbastanza lontano perché, se qualcuna non avesse resistito alla curiosità, sarebbe stata subito scoperta mentre percorreva la strada. Due volte al giorno Ilde si sarebbe recata, accompagnata da due novizie, a portare cibo e acqua al nostro ospite. Le novizie avrebbero aspettato sul carro e Ilde sarebbe entrata da sola nel fienile.

Ilde non rispose mai, né a loro né a me, su alcuna domanda lo riguardasse. Per cui, come era immaginabile, in assenza di notizie verosimili, questa faccenda prese subito i contorni irresistibili del mistero: le monache dei due monasteri non avevano nessuno a cui chiedere, nessun posto dove indagare. Le consegne di Ildegarda a protezione del giovane non avevano punti deboli, scoprire qualche cosa era impossibile, quindi le sorelle presero a fare ipotesi: un giorno il ragazzo era un nobile in fuga, un altro era un parente di Ilde ferito in duello, un altro ancora era il figlio, perseguitato dal Barbarossa, di una famiglia legata a quella di Ilde... Nessuna delle ipotesi trovò mai un indizio che le avvicinasse alla verità.

Ma la monaca più curiosa di tutte ero io. Dopo quattro giorni dall'arrivo del giovane, presi l'iniziativa. Mi feci preparare anche io un carro e due novizie, e andai a Eibingen, non richiesta e non attesa.

– Ilde, quel ragazzo sta creando scompiglio.

– E in che modo? Sta chiuso in un fienile.

– È come se tu avessi calpestato un formicaio. Le monache si agitano, si distraggono, non fanno quel che devono fare e parlano solo di quello.

– Lo fanno anche qui. Passerà.

– Ilde, chi è quel ragazzo?

– Un cristiano cui abbiamo dato asilo.

– Come si chiama? Perché è qui? A me puoi dirlo, sono tua sorella.

– Hai detto una cosa vera e una no. Sei mia sorella, e non posso dirti nulla.

– Perché non puoi?

– Fra poco sarà l'ora dei vespri. Resti con noi o torni a San Ruperto?

Ilde voleva dire "torna a San Ruperto".

Salimmo sul carro, io e le due novizie, ma ordinai loro di allungare la strada del ritorno, di passare per il tratturo che portava fino al fienile. Dal monastero mi avrebbero visto, è vero, ma nessuno avrebbe avuto il tempo né il coraggio di fermarmi.

Non ci fu bisogno di trasgredire nessuna delle disposizioni della magistra. Quando passammo appresso al campo dove si trovava il fienile che ospitava il giovane, egli era in piedi a fianco dell'entrata. Mi parve piuttosto alto, era moro di capelli, non pallido di carnagione, con una figura abbastanza tarchiata. Guardava nella nostra direzione, ma rimase lì, mi sembrò che la sua schiena poggiasse contro la parete del fienile a sinistra dell'ingresso. Aveva un modo malfermo di rimanere immobile, sembrava una foglia. Come se aspettasse l'arrivo di un alito di vento che l'avrebbe portato via.

Due giorni dopo il giovane era morto. Ilde, raccontarono le novizie che la accompagnavano al fienile, la sera prima aveva inviato un messo a San Disibodo affinché un sacerdote raggiungesse in fretta Eibingen, per dargli l'estrema unzione. Ordinò che venisse seppellito nel cimitero di San Ruperto. La processione che lo trasportò da un monastero all'altro fu anonima e stranamente silenziosa. Ilde benedì la salma, recitò il Requiem, attese che venisse calata nella fossa e ricoperta di terra. La croce di legno che venne piantata per segnare il luogo della sepoltura non aveva decorazioni né c'era scritto sopra alcunché. Men che meno, un nome.

La carrozza ci riporta a casa da Magonza percorrendo a ritroso il tragitto dell'andata, finché, nei pressi del Reno, non puntiamo al pontile ma deviamo a sinistra, mantenendo la via di terra. Ci siamo fermati una seconda volta alla Locanda del Vino ed Everardo, che già era rimasto impressionato dalla nostra presenza, ci ha messo a disposizione carro e cocchiere fino a San Ruperto. Non ci ha chiesto neppure una moneta, si ritiene già ripagato dalla fama che la Locanda del Vino acquisterà diffondendo la voce che Ildegarda è stata sua ospite. Non ha ancora pensato che a Ingelheim, cioè a casa dell'imperatore, farsi belli con l'amicizia (vera o no) della magistra potrebbe essere imprudente, ma nessuno ha avuto la gentilezza di farglielo presente. Non ci avevamo pensato neppure noi. Siamo già in viaggio quando mi balena alla mente.

– Ilde, ma l'oste non potrebbe passare dei guai, a farsi pubblicità con il nostro passaggio?

– Potrebbe, ma non succederà.

– Come fai a esserne sicura?

– Everardo è un uomo rozzo, ma è stato generoso e cortese. Gli ho chiesto che uno dei suoi sguatteri venisse ripulito e rivestito, che per quanto possibile assomigliasse a un messo. Poi gli ho consegnato una breve lettera, indirizzata a Federico.

– E che cosa hai scritto?

– Poche righe. «Re, ti saluto al mio passaggio e sono certa che ti impegnerai a rispettare i luoghi dove io ho sostato e ho pregato anche per la tua anima».

Federico non darà fastidio a nessuno, non è uno stupido, non gli conviene procurarsi noie per una piccola questione di puntiglio nei miei confronti.

Insomma, lei ci aveva pensato.

Il paesaggio che all'andata abbiamo contemplato dal fiume non è diverso visto dalla strada, per cui questo viaggio è molto più noioso. Mancano pure le colline che saltellano ai sobbalzi della carrozza, perché sono alle nostre spalle. Almeno rompevano la piattezza della valle e l'uniformità dei colori, anche più sbiaditi a causa della foschia. Avrei perfino tollerato la nausea, pur di posare l'occhio su qualcosa di diverso da righe dritte.

Dopo un'ora, il dondolìo della marcia ci induce entrambe al sonno. Torniamo vigili solo il tempo delle preghiere – per le quali Ilde si sveglia di colpo, sempre all'ora giusta, come punta da un'ape – e di tanto in tanto per mangiare pane e formaggio: in questo son più brava io. Mia sorella, perfetta quando si tratta di impartire lezioni su cibo e salute, tratta i suoi pasti come un male necessario, ma io no. Io benedico anche il cibo più frugale gustandolo lentamente e con piacere. E quindi la costringo a sbocconcellare qualcosa ogni volta che viene fame a me.

Siamo zitte tutta la giornata, tanto dura l'ultimo tratto del viaggio, torniamo con un pugno di mosche e sono scoraggiata, e così sembra essere anche la magistra. Ma arrivati a San Ruperto il carro non fa quasi in tempo a fermarsi davanti al monastero che Ildegarda ordina di essere portata nella sua stanza, di chiamarle Ghiberto, che arrivi con stilo e pergamena: vuole scrivere subito all'arcivescovo. – Ora che arriva a Roma, questa lettera... – borbotta.

Nonostante la fatica del viaggio è piena di energia, pronta a usare qualsiasi mezzo, decisa a vincere la battaglia. Non mi stupisce più vederla tanto debole e poi, improvvisamente, combattiva come un drago.

– Clementia! Aiutami, forza. È ora di informare l'arcivescovo Cristiano. Un uomo così vicino a papa Alessandro dovrà ascoltarmi, per una questione di carità.

Dopo poche ore la lettera è pronta per essere inviata, Ghiberto ha consigliato di aggiungere anche la testimonianza di altre monache e così abbiamo fatto. Ora si tratta solo di aspettare. E pregare.

Pregare per settimane. Ma finalmente è arrivata la risposta. Ho visto Ghiberto correre incontro al messo, e sulle scale mi è passato così vicino e svelto da muovermi l'abito. Ildegarda, che è rimasta a letto quasi tutto il tempo, mangiando quasi niente e alzandosi solo perché le sorelle potessero portarla in chiesa a pregare, lancia un piccolo grido felice.

– Leggila, su, che cosa aspetti?

– Non pensi che dovremmo leggerla insieme? Chiamiamo anche le altre sorelle.

– Hai ragione. Riuniamole tutte in chiesa.

Ghiberto, in piedi, con le spalle all'altare, srotola la lettera. Attende che nessuna sia rimasta fuori, incrocia gli occhi di ognuna. È compiaciuto del potere che ha tra le mani, ci tiene in attesa ancora qualche istante, sembra quasi un dispetto. Certo. Lui l'ha già letta. Rinascerei volentieri uomo, perché avrei studiato come un uomo e leggerei da me tutte le lettere e non avrei bisogno di dettare niente a nessuno.

Ghiberto respira profondamente e declama: – «Con i segni manifesti della tua santa condotta di vita e la sorprendente testimonianza della verità, o carissima signora in Cristo, i tuoi ordini, per non dire le tue preghiere, esercitano un forte potere sulla nostra anima, tanto che a ragione dobbiamo orientare e chinare il nostro cuore a tutto ciò che sappiamo corrispondere ai tuoi santi desideri». Capito, Ilde? Sorelle? L'arcivescovo Cristiano chiederà all'arcivescovo di Colonia, Filippo, di intercedere presso i prelati di Magonza in favore del nostro monastero.

Colpita da una eccitazione quasi sconveniente, mi giro di lato e abbraccio la sorella accanto a me. Siamo libere dall'interdetto e dalle sue conseguenze: le campane riprenderanno a suonare nella valle della Nahe e torneremo a celebrare l'Eucaristia.

– Sia lodato Gesù Cristo, – esclama Ilde. Dopo queste parole e un istante di silenzio, la chiesa esplode in una grande festa. Negli abbracci le nostre vesti s'incrociano radenti al pavimento, la navata si riempie di colori, la luce del sole entra dalle finestre smerigliate, ci danza attorno stretta e liscia come una bandiera di seta, si spande sui muri. E nessuna di noi sembra più toccare terra. Niente più interdetto. Le croci del cimitero possono tornare dov'erano. E al nobile pentito si sono aperte le porte dei cieli.

Eibingen

1

E così il dramma della sepoltura del giovane scomunicato ha trovato l'epilogo che Ildegarda desiderava. E io mi sento più importante. Al pari delle altre monache, non so e credo non saprò mai chi fosse quel ragazzo misterioso, ma almeno l'ho visto: e non avvolto in un sudario, ma da vivo. Be', lo hanno visto anche le due novizie con me sul carro che ci riportava a San Ruperto da Eibingen, ma questo accidente non ha provocato danni, anzi. Pochi giorni dopo il nostro ritorno il chiacchiericcio si è acquietato. Immagino che le due signorine abbiano subito spiattellato alle sorelle quel che hanno visto, e il loro racconto deve averne saziato la fame di sapere.

D'altra parte, niente di morboso può durare a lungo: la tensione fiacca le anime e consuma l'energia dei corpi, soprattutto nei giovani. La curiosità si scatena come una malattia che porta la febbre, raggiunge facilmente il picco, ma dopo quel momento comincia a farsi strada la noia. Per cui a far scomparire ogni residuo di brama basta fornir loro un appiglio, una notizia anche debole, che dia ragione di tutto quell'indaffaramento, perché quel che il loro spirito desidera è farla finita e passare ad altro.

Quanto a Ilde, con tutto quello che aveva visto e aveva fatto nella sua vita, aveva le porte dei cieli spalancate. Ma perché si aprano le porte dei cieli a un cristiano normale, bisogna che egli cominci ad aprire porte quando è in vita, che siano quelle della sua casa al prossimo o della sua anima a Dio. Nel caso di Ilde, le porte da aprire erano quelle del monastero di Eibingen.

La faccenda andò così: durante il viaggio che da San Ruperto l'aveva portata a Colonia, Ilde aveva fatto tappa ad Andernach, dove aveva incontrato la badessa Tengswich. Con lei aveva ripreso la discussione epistolare che anni prima le aveva separate. Ilde sperava che il tempo avesse sistemato in silenzio i dissidi e le noie, o che la vecchiaia avesse aiutato a dimenticare. Invece no.

Quando Ilde tornò a San Ruperto quasi non mi salutò. Aveva urgenza di raccontarmi quell'incontro, e lo fece d'un fiato, affastellando le parole le une sulle altre.

– Mi ha detto così: «Sai, Ildegarda, io non ti ho scritto quelle lettere per mio capriccio ma penso davvero che...». Mi ha preso alla sprovvista, Clementia. Son rimasta con lo sguardo fisso e mi son seduta un po' di sbieco su uno sgabello, aspettando il resto del rimprovero. Tengswich è una donna intelligente, difficile che le sia sfuggito quanto ero seccata. Ma ha continuato: «Penso davvero che il tuo insegnamento, la tua esperienza, le tue visioni, siano un bene da condividere. Con tutti». Ed è andata avanti un po' ad argomentare: «È quasi un affronto, per nostro Signore, che tu dedichi il tuo tempo solo alle nobili: beati i poveri in spirito perché di essi è il regno dei cieli». Ho chiuso gli occhi, per riflettere, fra me ho riesaminato quella donna dalla testa ai piedi, una badessa importante, famosa, fiera e tuttavia vestita con abiti semplici. E quest'immagine me la sono disegnata bene nella memoria, per non dimenticare le sue ragioni e i miei dubbi.

Ilde si fermò, riprese fiato. – Che cosa devo fare, Clementia?

Io alzai le spalle: – Fanne un altro.

Ilde mi guardò. Non riuscivo a capire se trovava la mia soluzione sciocca o illuminante. – Un altro, un altro monastero... Perché non c'abbiamo pensato prima? Con tutte quelle giovani che abbiamo mandato altrove perché non avevamo abbastanza spazio, – e si fregava le mani, il palmo di una contro il dorso dell'altra.

– Bisognerà trovare un luogo adatto, non lontano da qui, vicino al fiume, facilmente raggiungibile...

– Bisognerà che tu scelga una badessa, da metter là.

– Ma quale badessa, sarò io la badessa, passerò alcuni giorni qui e alcuni giorni là.

– Pensi di avere ancora vent'anni, Ilde?

– Mi farò accompagnare. Questo è il problema minore.

Ci mettemmo alla ricerca di una costruzione

adatta ad accogliere nuove monache. La trovammo al di là del Reno, sulla sponda destra, a Eibingen. Appena sopra Rüdesheim, su una collina coperta di vigneti, c'era un vecchio monastero agostiniano abbandonato da tempo: era andato in fiamme anni prima e nessuno si era preoccupato di sistemarlo. O nessuno aveva avuto la voglia di metterci del denaro. C'era da attraversare il fiume ed era più piccolo di San Ruperto, ma sarebbe bastato: dall'incendio erano sopravvissuti le fondamenta e i muri, i lavori di sistemazione questa volta non sarebbero stati difficili. Ilde provvide all'acquisto del terreno e nel 1165 una trentina di monache si stabilirono lì.

Guardando la valle da lontano, i due monasteri sembravano le colonne portanti di una chiesa infinita e trasparente, con un bianco soffitto di nuvole e il fiume al centro a far da scalinata. Quel pezzo di Renania era definitivamente santo.

Ilde, da quel momento e fino a che il corpo glielo concesse, si recò là due volte alla settimana. Scendeva da San Ruperto alla Nahe, risaliva la corrente fino al Reno e, attraversatolo, attraccava a Rüdesheim. Poi camminava su per la collina, fino al monastero, fino alle sue figlie.

Un giorno arrivò al monastero un gruppetto di giovani sorelle, di ritorno da Eibingen: di solito Ilde veniva accompagnata da tre o più monache. Questa volta, la scorta stava tornando a San Ruperto senza di lei. Le vidi arrivare, e già da lontano sembravano agitate, potevo sentire le loro voci felici spintonarsi, rubarsi l'aria; correvano un po' avanti un po' indietro, creando una specie di vortice che procedeva lentamente su per la stradicciola. Io ero di fronte alla chiesa, davo una sistemata alle rose. Appena mi videro si zittirono e accelerarono il passo.

– Clementia! – urlavano. Tanta festa m'incuriosì.

– Che cos'è successo? Dov'è Ildegarda?

Una precedette il gruppo: – È rimasta giù al fiume, Clementia. Ma c'è un'altra sorella con lei. È successa una cosa incredibile! Una donna si è avvicinata, appena attraversata la Nahe, teneva per mano suo figlio, un bambino cieco sui sette o otto anni. Ha supplicato la magistra di imporgli le mani. Ilde ha preso dell'acqua dal fiume, l'ha benedetta e l'ha lasciata gocciolare piano sugli occhi del bambino. Lui si è stropicciato gli occhi... e ha visto!

– Che cosa? Vi siete messe d'accordo? Non mi piacciono gli scherzi, tantomeno scherzi di questo tipo.

– Non m'invento nulla, vero sorelle? – si voltò, tutte fecero cenno di sì col capo. – Avresti dovuto vedere quel bambino: ha strabuzzato gli occhi, si è buttato nell'acqua, poi, fradicio, ha abbracciato Ildegarda. L'ha tenuta stretta un'eternità.

Poco dopo arrivò il carro con a bordo la portantina sulla quale Ildegarda si teneva seduta. La portantina era composta da due bastoni luridi e un rettangolo di cuoio rivestito di vari strati di cotone, ma lei sembrava una regina sul trono.

– È andata proprio così, sorella, – mi disse. – Nemmeno io so come sia accaduto, è successo.

2

L'attività del monastero di Eibingen aumentò, se mai ce ne fosse stato bisogno, l'influenza di Ilde sulla regione. E ciò che avvenne qualche anno dopo fu una nuova conferma del suo potere e della sua santità. Nel 1169, Ildegarda ricevette una lettera dell'abate Geodolfo di Brauweiler, una cittadina più a ovest, lungo il corso della Nahe. L'abate raccontava di una donna, Sigewize, figlia di una nobile famiglia di Colonia, la cui mente era in continua lotta con il demonio, tanto che era stata dichiarata preda della possessione demoniaca. La via degli esorcismi era già stata percorsa più volte, ma ogni tentativo era risultato vano: erano già otto anni che la giovane subiva tale strazio e procurava inquietudine e orrore nel monastero in cui veniva accudita. Quindi Geodolfo si dichiarava impotente e chiedeva l'aiuto di Ildegarda, convinto che solo la sua Grazia potesse aiutare quella povera donna.

Ilde non aveva mai avuto a che fare con fenomeni simili, era preoccupata. Si dedicò intensamente alla preghiera per qualche giorno. Poi dettò a Volmaro una lunga lettera in cui spiegava come l'abate dovesse comportarsi. Descrisse ogni cosa nei minimi particolari: il rito di esorcismo doveva essere eseguito da sette sacerdoti di ottima reputazione, figure simboliche di Abele, Noè, Abramo, Melchisedech, Giacobbe, Aronne e Cristo. Le autorità bibliche rappresentate dovevano essere citate una a una, invocandole ad alta voce, durante la cerimonia.

Quest'ultima si tenne nella chiesa abbaziale di San Nicola, ed ebbe buon esito. Ma solo per qualche tempo: alcuni mesi dopo arrivò al monastero un'altra lettera, sempre di Geodolfo, in cui l'abate chiedeva di accogliere Sigewize a San Ruperto, come ultima speranza, perché il demonio si era ripresentato e, tramite le labbra della donna, aveva detto di voler vedere "la vecchia che vive lungo il corso superiore del Reno" e che senza la presenza di "Scrumpilgardis" (ovvero "la rugosa", così aveva definito Ilde) non avrebbe mai lasciato il corpo della giovane.

La richiesta fu accolta e la giovane arrivò a San Ruperto. La notizia generò inquietudine e anche spavento. E non rimase nella comunità, ma corse di bocca in bocca fino a Bingen. Ilde doveva esserselo aspettato, perché mi aveva detto di non aver mai tentennato davanti alla richiesta dell'abate. Quella povera donna le aveva riportato alla mente le sue prime confessioni; quando, prima con Giuditta, poi con Volmaro e con l'abate Cunone, infine con l'arcivescovo di Magonza, tremava all'idea di essere confusa con un'indemoniata, o un'eretica, a causa delle visioni. Motivo per cui diede rifugio a Sigewize senza riserve, nel rispetto della Regola: «Tutti gli ospiti che giungono in monastero siano ricevuti come Cristo, poiché un giorno Egli dirà: sono stato ospite e mi avete accolto. E a tutti si renda il debito onore».

La permanenza di Sigewize si rivelò meno problematica di quanto tutte noi sorelle avevamo temuto. Il demonio che era in lei fu tenuto a bada dalla potenza divina che aleggiava sul nostro monastero; però ogni tanto spuntava fuori, e improvvisamente la giovane urlava, bestemmiava. Ildegarda accorreva, ci ordinava di tener fermo quel corpo indemoniato e pregava, ma con voce così bassa, quasi un mormorio, che solo Dio pareva sentirla. Le urla improvvisamente tacevano, Sigewize digrignava i denti contro Ilde ancora qualche istante, poi lentamente tornava in sé. Allora iniziava a piangere, sollevata e addolorata.

Quando era libera dalla possessione, Sigewize era una cristiana ispirata, tanto da essere ascoltata da tutti: «Proferì di fronte al popolo molti discorsi a gloria di Cristo, sui sacramenti del battesimo e l'eucarestia, sul pericolo di scomunica, sulla condanna dei Catari...». Veniva sempre tenuta d'occhio, ma quando "diceva cose vere", Ilde non le proibiva di predicarle.

Durante il Sabato Santo, Sigewize ebbe una crisi gravissima, ma fu l'ultima. Infatti quello stesso giorno Ilde ricevette un aiuto dall'alto: ebbe una visione in cui, così mi raccontò, l'Onnipotente parlò al groviglio di diavoli che avevano portato alla disperazione la donna, dicendo: – Va' via, Satana, dal corpo di questa signora e lascia in lei posto per lo Spirito Santo. – Sigewize si riprese solo alla vigilia della Resurrezione, ma da allora "fu sana nel corpo e nell'anima", una volta per tutte.

3

L'anno successivo, il 1170, Ilde lo trascorse quasi tutto a scrivere. Ogni tanto, quando facevo capolino nel corridoio che portava alla sua cella per verificare che fossero ancora vivi, lei e Volmaro non alzavano nemmeno la testa. Erano al lavoro su un'opera minore, la *Vita di San Disibodo*, ma Ilde aveva gran fretta di finirla per dedicarsi ciò che più le stava a cuore: il *Liber divinorum operum*. Volmaro se ne occupava già da parecchi anni, ma era una faccenda lunga: Ilde aveva scritto una quantità enorme di pergamene, tutte ancora da rivedere.

La *Vita di San Disibodo* le era stata commissionata dal successore dell'abate Cunone, Helenger. Ilde ammirava quel santo, ascetico e pellegrino, lo paragonava spesso a Giovanni Battista, che vagava predicando nel deserto. Disibodo è vissuto cinquecento anni fa, e arrivò qui in Renania dalla lontana Irlanda, esiliato dalla sua diocesi. Dopo aver percorso i Vosgi e le Ardenne, decise con i suoi discepoli, Gisvaldo, Clemente e Sallustio, di fermarsi proprio alla confluenza tra la Nahe e il fiume Glan:

lì si trova un monte. Sulla sua sommità fece costruire un piccolo monastero. Disibodo, però, non rimase nella comunità. Preferì la vita da eremita e si sistemò in un romitorio sul fianco della montagna, tra i boschi. Quando la popolazione del luogo venne a sapere delle sue conoscenze mediche non lo lasciò in pace a lungo: il suo romitorio diventò meta di pellegrini ammalati e sofferenti. Lui, che aveva lasciato la comunità per starsene da solo, si ritrovò in una situazione peggiore di quella di partenza. Non ebbe cuore di abbandonare quella gente e, come medico, doveva essere pure bravo, perché cominciò a essere venerato per le sue doti di guaritore e si rivelò anche un meraviglioso padre spirituale. Si racconta di molti miracoli avvenuti nel luogo dov'è sepolto. Ilde lo citava spesso come esempio di umiltà, e negli anni l'aveva nominato più volte all'abate Cunone, rimproverandolo di non rispettare il santo che aveva fondato quell'abbazia.

Volmaro riuscì a concludere la *Vita di San Disibodo*. Ma solo quella: morì nell'inverno del 1173. Quel giorno si era svegliato presto ed era uscito dal monastero altrettanto presto. Era consapevole che l'età gli accorciava il passo e il fiato, aveva ormai imparato a prendersi i suoi tempi. Doveva scendere da San Ruperto fino al mercato, nei pressi del fiume. Era a corto di pergamene e Ilde gli aveva permesso di acquistarne di nuove. Fratello Volmaro non era mai stato uno veloce nello svolgere i suoi compiti, gli piaceva fermarsi a parlare con la gente, guardarsi intorno, durante le camminate si concedeva pause frequenti. Ma quando si fece sera, non era ancora tornato al monastero.

Ilde fece preparare un carro e mandò a cercarlo un gruppo di uomini, scelti fra i contadini che lavoravano nei campi del monastero, armati con forconi e falci. Erano appena partiti che il frate si presentò al portone del monastero: aveva la barba incrostata di neve, rigida, i grandi occhi gli lacrimavano per il freddo e per lo sforzo. Non disse una parola e cadde in ginocchio, poi a terra, a faccia in giù. Non si rialzò più. Ilde ordinò che due sorelle andassero a prendere la sua portantina, sulla quale venne caricato con gran fatica. Lo portarono dentro, poi lo misero steso sul letto della magistra, che lo esaminò, prima guardandolo da vicino, poi tastando il torace per cercare il battito del cuore, poi il ventre all'altezza dello stomaco. Ma le mani le tremavano: il suo grande, unico amico la guardava e non le parlava, chissà se la vedeva. E neppure lei gli disse niente, compitò più volte il suo nome sulle labbra senza far uscire voce. L'unico segno visibile sul corpo di Volmaro era una lunga ferita sulla coscia, più larga e frastagliata di un taglio, dalla quale perdeva sangue. Non era un buon segno, doveva essere in quelle condizioni da ore, perché dal colore grigio della sua pelle si capiva che nel suo corpo di umori ne rimanevamo pochi. Le due sorelle della portantina tamponarono la ferita con delle pezzuole di cotone. Ilde non fece nient'altro. Le sue conoscenze non arrivavano a sanare un moribondo. Era scivolato? Era caduto su una roccia? Era stato aggredito? Da lui non arrivò una parola, non un gemito, non un gesto che potesse fornire un indizio di che cosa gli era accaduto. Il volto del frate perse il poco colore che rimaneva, il suo sguardo si fece lontano. Smise di guardare Ildegarda perché gli occhi gli si rivoltarono all'insù e le pupille scomparvero nel retro delle orbite. Poi smise anche di respirare.

Non si seppe mai che cosa aveva colpito e dissanguato Volmaro. Io non penso che sia stato assalito da un uomo, per un rapinatore un frate è una preda da poco. Potrebbe essere stato un lupo, quelle bestie d'inverno faticano a trovar cibo, un essere umano vale quanto dieci conigli. Ma avrebbe dovuto essere un lupo solitario e così malridotto da consentire a Volmaro di difendersi fino a costringerlo a desistere: di norma cacciano in branco e di certo non avrebbero lasciato scappare un vecchio claudicante che avevano già ferito.

Ilde attraversò un periodo in disparte dagli impegni terreni, Volmaro non era più al suo fianco e le si leggeva negli occhi quel senso di solitudine che già aveva provato per l'abbandono di Riccarda.

Col passare dei mesi, quando le giornate cominciarono a farsi afose, e scendendo verso il fiume sembrava che il caldo aumentasse invece che scemare, passò anche il dolore e Ilde tornò a occuparsi dell'opera che Dio le aveva mostrato. Per completare il *Liber divinorum operum* venne ad aiutarla Ludovico di Sant'Eucario di Treviri e da Colonia arrivò nostro nipote, Wezelin, prevosto nella chiesa di Sant'Andrea. Ma i due sarebbero stati aiutanti temporanei. Ilde voleva un fratello che, come Volmaro, fosse a sua disposizione per scrivere tutto ciò che lei riteneva dovesse essere diffuso e tramandato: e che quindi fosse stabile a San Ruperto.

La richiesta arrivò all'abbazia di San Disibodo, la cui giurisdizione sul nostro monastero imponeva il vaglio dell'abate su ogni nostra necessità. Ilde aveva fatto il nome di Goffredo, un benedettino che in passato aveva trascorso del tempo da noi. Era un monaco fidato, grande amico di Volmaro. La risposta, ovviamente, fu negativa.

– Pare sempre che io sia qui a chiedere la luna… – diceva, rovistando tra il malloppo di pergamene che giacevano sul tavolo. Mi allungò una lettera, portava la firma di Helenger. Solo quella riuscivo a distinguere, ma l'aveva tirata fuori per dimostrarmi qualcosa, non perché io la leggessi davvero.

– Mi avesse scritto almeno la ragione di questo "no".

Ilde era più decisa che mai a regolare la faccenda, così mise in mezzo Wezelin: il cugino inviò al papa Alessandro III una lettera di mia sorella che denunciava il rifiuto, da parte di San Disibodo, di inviare un monaco che facesse da consigliere spirituale e aiutante, e sottolineava la liceità di questa richiesta perché quel monastero era padre di noi monache di San Ruperto. Il Santo Padre incaricò Wezelin di trattare con Helenger e, in caso di chiusura totale da parte dell'abate, di trovare accordi con altri monasteri per dotare Ildegarda di un supporto adeguato.

L'intervento del papa, cui Helenger non poté opporsi, fu il lasciapassare per Goffredo. Nel 1174 il monaco si trasferì da noi. Da quel momento Ilde chiuse le porte a San Disibodo. – Mi rubano tempo e fatica, – diceva. Facemmo capo direttamente all'arcidiocesi di Magonza, in quegli anni retta da nostro fratello Ugo, il quale divenne così cappellano di San Ruperto.

Goffredo passò il resto della sua vita nel nostro monastero, a farsi raccontare gli eventi della vita di Ilde. Si mettevano a lavorare nell'orto e li vedevo che parlavano fitto fitto. Ilde lo sommergeva con i suoi soliti fiumi di parole, per non lasciar scivolare via quel che le era appena venuto in mente; lui tentava di stare al passo, ma spesso rimaneva indietro e a volte faceva cadere la pergamena o lo stilo, provocando le lamentele di mia sorella.

Goffredo lasciò la vita terrena due anni dopo. E in breve tempo ci lasciò anche nostro fratello Ugo. Fu allora che giunse da noi Ghiberto di Gembloux, un paese nei pressi di Namur, in Belgio. Era monaco all'abbazia di Santa Maria di Villers, nel Brabante.

Ghiberto aveva conosciuto il nome di Ildegarda grazie ai vescovi di Liegi e Utrecht, che tenevano con lei contatti epistolari e avevano avuto occasione di mostrargli gli scritti della profetessa. La prima lettera arrivò nel 1175: «Ti prego di volermi includere nel numero dei tuoi confidenti e di non avertene a male se in ogni istante ti porto nei miei pensieri». Le chiedeva anche spiegazioni su come accadessero quelle visioni e che cosa provava mentre era immersa in quella Luce.

– Chissà che cosa gliene importerà, a questo, delle mie visioni. Se vuol conoscermi può venir qui.

– Sorella, mi sembra difficile... È un monaco di clausura.

Ilde non rispose a quella lettera. Quando il tempo cominciò a rinfrescare, arrivò un'altra lettera a suo nome. L'insistenza del frate produsse il risultato che egli desiderava: mia sorella si convinse che le sue intenzioni erano buone e gli rispose accuratamente. La lettera fu letta davanti a tutta la comunità di Santa Maria. L'abate ne fu talmente colpito che concesse a Ghiberto di recarsi a San Ruperto, approfittando del viaggio di un canonico di Liegi che andava proprio in quella zona. Ghiberto partì accompagnato da queste parole del suo superiore: – I nostri più sagaci maestri francesi non arrivano a tanto. Con cuore arido e guance paffute levano alte grida, si perdono in indagini e controversie. Quindi va', fratello, e conserva nel cuore ciò che vedrai.

Il frate passò da noi quattro giorni, visitò il monastero, sfogliò tutti i manoscritti di Ilde, le fece decine di domande. La guardava come si guarda un'opera d'arte, una figura straordinaria, diceva di sentirsi lusingato del tempo che lei gli dedicava, quasi imbarazzato. Per le quattro sere in cui rimase nel nostro monastero – c'erano ancora condizioni di luce favorevoli – chiese il permesso di passare del tempo in biblioteca anche dopo che Ilde si era ritirata nella sua cella. La mattina, passando, lo ritrovavo lì, addormentato, insaccato negli abiti, con la testa sul tavolo cosparso di volumi.

Quando Goffredo morì, Ildegarda non ebbe dubbi: voleva Ghiberto come assistente e guida spirituale. Ottenuto un nuovo permesso dall'abate, il monaco partì.

Ma visto che niente va liscio nella vita di Ilde, dopo pochi mesi l'abate di Gembloux cambiò idea, e lo reclamò a tal punto da andare a riprenderselo. Ildegarda reagì e, nel settembre del 1177, vennero interpellati il vescovo di Liegi e l'arcivescovo di Colonia, finché Ghiberto non fu definitivamente libero. E tutta questa libertà gli diede alla testa, perché chiese a Ilde di poter riscrivere le sue visioni in un latino migliore, criticando implicitamente il lavoro di Volmaro. Ilde, stranamente, non fece storie.

– Pensando al famosissimo traduttore san Gerolamo, che non ha tradotto la Scrittura parola per parola, bensì conformemente al senso, anch'io autorizzo te a non seguirmi passo passo nei miei scritti, basta che per lo meno non ti allontani dalle mie orme.

4

Dunque Ghiberto di Gembloux, come ho già accennato, è il frate che da diversi mesi vediamo girare nei chiostri di San Ruperto, il secondo dopo Volmaro. È un personaggio del tutto diverso da Volmaro e Goffredo. Volmaro era fraterno, burbero o benevolo a seconda dei giorni, affidabile e abilissimo nello svolgere i suoi compiti. Goffredo è morto troppo presto perché potessi farmi un'idea precisa, ma forse non sarebbero bastati vent'anni, tanto era schivo e taciturno. Ghiberto più che un frate è un fiume, un'eruzione di energia ed entusiasmi quasi infantili, è la *viriditas* ricoperta con il saio.

E come ho già detto, Ghiberto non è capitato qui per caso: è un devoto di Ildegarda da molto prima del suo arrivo. Ha provato e insistito e chiesto e implorato con tutte le sue forze per essere inviato a San Ruperto. I primi tempi Ilde guardava con sospetto quella specie di grosso saltimbanco, ma poi è rimasta conquistata dalla sua innocenza e dal suo sincero fervore. In effetti, da quanto ho potuto constatare, più devoto di così alla magistra credo che non si possa essere. Dall'altro canto, rispetto alle abitudini di un monastero, è un personaggio ingombrante, invadente e soprattutto impiccione: ha messo mano ai manoscritti di Volmaro, ha messo mano alla biografia di Ilde cominciata da Goffredo, e adesso sta mettendo mano a qualche cos'altro, che almeno ha cominciato lui.

Sono ormai abbastanza vecchia da non sorprendermi quando compare dal nulla un nuovo libro di mia sorella; anzi, dai movimenti intorno alla sua cella e allo scriptorium, oggi so individuare rapidamente che cosa bolle in pentola.

Ho ripetuto tutto questo perché anche se sono vecchia non sono meno curiosa di un tempo: quindi dovevo prendere contatto diretto con Ghiberto. Una mattina, imitando il suo modo fragoroso – supponevo che avrebbe apprezzato e mi sarebbe stato più facile sbirciare fra le pergamene e tormentarlo di domande – ho fatto irruzione nello scriptorium. Ho provocato un tale trambusto, valorizzato dagli echi della stanza vuota, che Ghiberto si è girato trasecolando. Era solo.

Molto più lentamente di quanto avrei voluto per dar adeguato seguito all'apertura della porta, battendo forte il bastone a ogni passo, ho raggiunto il trespolo di legno sul quale stava scarabocchiando delle immagini su una pergamena.

– Sorella, hai finito con questo fracasso?

– Ghiberto, che cosa stai facendo? A che cosa stai lavorando?

Ghiberto mi sorprese prendendo un contegno che non gli conoscevo, compitamente scandalizzato per il mio comportamento irrituale. Inarcò un sopracciglio, irrigidì le braccia sui fianchi e drizzò la schiena.

– Sto miniando. Disegnando. È un libro. E tu, sorella, chi sei?

– Mi chiamo Clementia, ti ho visto molte volte lavorare con la magistra. Non mi sorprende che tu non mi conosca, mentre io so tutto di te, Ghiberto di Gembloux. Notarti non è difficile, qui sei l'unico frate. Io invece in questi corridoi sono invisibile, siamo vestite tutte uguali e ci comportiamo tutte allo stesso modo. O quasi. A proposito, so che cos'è un libro. E so, – non lo sapevo, ma lo sospettavo, – che è un libro di Ildegarda.

Il sopracciglio rimase inarcato. – È esatto. E vorrei continuare, quindi ti congedo.

– No che non mi congedi. Sono sua sorella e vorrei sapere del libro.

– Perché? Non capiresti.

– Sbagli. Conosco lo *Scivias*, conosco il *Meritorum*. Volmaro mi ha spiegato ogni cosa.

– Ah, già, Volmaro.

Non appena avevo sottolineato di essere sorella della sua adorata magistra, Ghiberto aveva avuto un piccolo sussulto. Non lo sapeva. E infatti, le sue intenzioni cambiarono d'incanto.

– Va bene. Questo libro si chiama *Liber Divinorum Operum*. È il libro più completo, più complesso, più bello di Ildegarda. Ma a te sarà di certo facile capirlo, perché riunisce e completa i temi degli altri due.

– Io non leggo il latino, Ghiberto. Vorrei che me lo raccontassi tu.

Ghiberto ebbe un moto di tapina rassegnazione. Parlò guardando nel vuoto, come se leggesse l'aria.

– Per cominciare, sappi che per la prima volta Ildegarda parla di una visione in cui non è rimasta cosciente. Ha sperimentato l'estasi. Credo che tutto il resto derivi da questa esperienza santificante.

– Com'è, l'estasi?

– Io non saprei dire. Però lo ha scritto lei stessa dettando a Goffredo queste righe della sua biografia.

Ghiberto sfilò un manoscritto abbastanza sgualcito da una pila, ne sfogliò le prime pagine.

– Te le leggo: «Ebbi una visione mistica e mirabile, tale che tutte le mie viscere ne furono scosse e i miei sensi corporei ne furono annientati, perché il mio modo di conoscere fu misteriosamente trasformato. L'ispirazione divina infatti riversò nella scienza della mia anima quasi gocce di pioggia soave, allo stesso modo in cui lo Spirito santo aveva ispirato il santo evangelista Giovanni. Questa visione mi diede la dottrina e la capacità per spiegare tutto ciò che questi aveva scritto nel suo Vangelo sul principio dell'attività creatrice di Dio». Ecco qui.

– E da questo...

– Da questo deriva che tutti gli elementi del cosmo sono connessi e che la conoscenza è capire questa connessione. Anche i libri di Ilde sono impostati così: lo *Scivias* spiega la storia della salvezza. Il *Meritorum* parla di come Dio agisce sull'uomo, con le virtù, e dei vizi che minacciano il nostro rapporto con lui. Il *Divinorum* invece svela come Dio agisce nel mondo: ogni cosa terrena contiene la sua presenza, e quindi le leggi che regolano tutto ciò che ci circonda sono identiche a quelle che reggono l'universo. Quest'ultima opera è composta di tre parti. La prima tratta dell'amore di Dio nei confronti del creato, e del posto che l'uomo ha nel suo schema: nella quarta visione, per esempio, viene spiegato che quando la *viriditas*, cioè la forza verdeggiante della vita, si unisce alla virtù di una vita dedicata a Dio, il mondo può progredire sicuro verso il bene.

Non vorrei dover dire che, quanto a comprensibilità, questo libro fosse peggio degli altri due messi insieme. Forse erano le maniere di Ghiberto, con la sua presenza entusiasta, la voce tonante, le mani in movimento: riempivano la stanza in lungo e in largo e rendevano faticoso seguire la sua lezione, per quanto egli si sforzasse di essere elementare nelle sue spiegazioni.

Fatto sta che mi perdevo di continuo, e quando l'attenzione comincia ad andarsene, recuperarla diventa come acchiappar farfalle: si fa una gran fatica e infine ci si ritrova in mano poca polvere d'ali. Infatti, dopo che per tre volte lo sguardo mi si era fissato nel vuoto e poi mi ero ripresa, son caduta nella quarta crisi di noia mentre avevo la testa girata verso la finestra, un'ampia bocca di luce bianca e desiderabile. Sul davanzale s'impigriva un gatto dal pelo giallo, che stava accucciato sulla pancia come una sfinge, tenendo gli occhi socchiusi. Aveva l'aspetto di un randagio di poca fortuna, dell'orecchio destro mancava l'angolo, al posto del quale si distingueva il fiordo di un morso. La presenza del gatto mi risvegliò dalla catalessi, drizzai la schiena e in quel momento il felino scomparve. Mi girai e mi accorsi che Ghiberto non leggeva più, mi guardava.

– Stanca, Clementia? Tua sorella ha cento volte la tua forza, quando lavoriamo è lei a sfiancare me. Oh, eccolo, guarda che bravo. – S'era rivolto alla finestra, mi girai anche io. Il gatto giallo era di nuovo sul davanzale, sedeva impettito, guardava verso lo scriptorium e dalla bocca gli uscivano le zampe e un frammento dell'ala di una enorme farfalla bianca, nera e blu. Gli stessi colori della mia veste.

Ghiberto tornò a chinare il capo sul libro. – La quarta visione è importante perché Ildegarda spiega l'ispirazione di questo lavoro al Prologo del Vangelo di Giovanni, che lei aveva già conosciuto non so per quale via, e che io in seguito le ho letto per intero. La seconda parte dell'opera parla dell'ordine superiore della Creazione: ogni elemento della natura contribuisce alla connessione fra i sensi dell'uomo e la sua moralità. La terza parte è un'altra meditazione di Ildegarda sulla salvezza e su come gli uomini sperimentano la rivelazione divina. Nella terza visione di questa parte si trovano tre figure femminili ai piedi di un pozzo di acqua pura, lo spirito di Dio nel cui riflesso il mondo riceve vita: Carità, Sapienza e Umiltà.

Sbadigliavo di nuovo, ma la scena del gatto mi aveva messo molto a disagio. Quanto a Ghiberto, era così deferente che poteva agitarsi quanto voleva, ma quando parlava dell'opera della magistra si trasformava nell'uomo più noioso del mondo. Su questo, nessun ammonimento, con o senza gatti, mi avrebbe fatto cambiare idea. Provai a interromperlo.

– La pergamena su cui stavi lavorando ha disegnata una figura umana con delle ali luminose.

– Riguarda la prima visione. Si tratta di una figura alata tutta di fuoco, perché Dio è fuoco, che contiene una seconda figura con in braccio un agnello: Dio è trino e al centro c'è l'agnello. La figura calpesta un serpente e una bestia fatta di ombra, che rappresentano il male e il caos. Le visioni seguenti sono illustrate con un cerchio inscritto al centro di questa figura. Nel cerchio c'è una nuova figura umana, che rappresenta l'umanità come centro delle cose create e in rapporto con ognuna di esse.

– Questi temi ci sono anche negli altri libri. Ilde si ripete molto, per iscritto...

– La visione è molto bella, però; è la porta di accesso a tutto il libro, e anche al pensiero totale della magistra. Senti come comincia: «Io sono la suprema infuocata energia, ho acceso tutte le scintille viventi e non ho emesso col mio soffio nulla che sia mortale, ma distinguo queste cose giudicandole come sono; disponendomi intorno al circolo e volando attorno a esso con le mie ali superiori, cioè con la sapienza, l'ho ordinato rettamente. Io, vita di fuoco della sostanza divina, fiammeggio sulla bellezza dei campi e riluco nelle acque e ardo nel sole, nella luna e nelle stelle; e col vento che è fatto d'aria suscito in vita tutte le cose, vivificandole con la vita invisibile che tutto sostiene. L'aria vive infatti nel verde e nei fiori, le acque fluiscono come se fossero vive, e anche il sole vive nella sua luce; la luna, dopo la fase calante, è riaccesa dalla luce del sole quasi a nuova vita; e anche le stelle risplendono con la loro chiarità come se fossero vive. Io ho costruito le colonne che tengono insieme tutto il mondo terrestre, cioè quei venti che hanno al loro servizio le ali dei venti più deboli, i quali con la loro debolezza sostengono i venti più forti di loro perché non si manifestino pericolosamente, come il corpo protegge e contiene l'anima perché non si dissolva. E come il soffio dell'anima tiene insieme il corpo con fermezza perché non muoia, così i venti più forti animano i venti subalterni perché svolgano nella maniera dovuta il loro compito. Io, energia di fuoco, sono in essi in maniera invisibile, da me essi si accendono, come il respiro mantiene costantemente l'uomo in movimento e come nel fuoco la fiamma si agita quasi mossa dal vento. Tutte queste cose nella loro essenza sono viventi e non sono state create nella morte, perché io sono vita. Io sono la razionalità col suo vento che è il verbo risonante, attraverso il quale ogni creatura è stata fatta; e in tutte le cose ho immesso il mio soffio, così che nessuna di esse nel proprio genere sia mortale, perché io sono vita. Sono infatti vita integra e perfetta, non quella che scaturisce dalle pietre, che frondeggia dai rami e ha radice nella forza virile; bensì tutto ciò che è vitale è radicato in me. La razionalità è infatti radice e il verbo risonante fiorisce in essa. E poiché Dio è razionale, come potrebbe avvenire che non operasse, dal momento che tutta la sua opera giunge a perfetta fioritura nell'uomo, che ha fatto a sua immagine e somiglianza, ponendo in esso secondo misura il sigillo di tutte le creature? Fin dall'eternità il volere di Dio fu che l'opera sua, cioè l'uomo, fosse fatta; e quando ebbe compiuto questa sua opera le affidò tutte le creature perché facesse le sue opere con esse come Dio stesso aveva fatto la sua opera, cioè l'uomo».

Ghiberto sembrava non avere intenzione di fermarsi. Fu Ildegarda a salvarmi. Una delle sorelle che attendevano alle sue necessità e alle sue richieste entrò sommessamente nello scriptorium e, tenendo gli occhi bassi, disse: – Fratello, la magistra avrebbe urgenza di vedervi.

Alla parola "urgenza" Ghiberto era già fuori e scalpicciava giù dalle scale. Rimanemmo sole, la giovane era immobile e teneva ancora gli occhi bassi, e io capii improvvisamente perché. Frate Ghiberto, sorella Clementia e nessun altro nella stessa stanza. Nulla importava che io fossi una vecchia monaca e che Ghiberto avesse sguardi – santi – solo per Ilde. La Regola era stata impressa in quella giovane tanto da chiuderle gli occhi. Uscii a mia volta, quasi senza toccare il pavimento, trattenendo il respiro e una risata.

IL GIOVANE SCOMUNICATO – 4

Per settimane abbiamo creduto tutti che la faccenda del giovane scomunicato fosse finita, e la vita del monastero era tornata tranquilla e operosa. E invece sono arrivate altre notizie da Roma. Notizie diverse, anzi, tutte al contrario. E Ildegarda ha riso. Ha riso, sì. Ma ha riso di gusto, non una risata isterica: – Sono incredibili, – ha detto. E io che temevo che quell'ultima lettera fosse deleteria.

Avevo ragione: le risate son durate poco, poi è caduta sul letto con un sospiro, è precipitata in uno di quei suoi stati di malessere che la fermano come congelata. È successo che uno di quei prelati di Magonza, molto, molto zelante, si è scomodato ed è andato a Roma, dov'era in corso il Concilio Lateranense. Quel sant'uomo ha parlato di nuovo con l'arcivescovo e gli ha fatto cambiare idea. Lo sciagurato lo ha convinto, avrà usato uno di quegli espedienti sottili, insinuando che è sbagliato lasciar intromettere l'episcopato di Colonia in un processo ecclesiastico di Magonza: – Buongiorno, Sua Eccellenza Reverendissima. Ha saputo dell'ultimo pasticcio della monaca di San Ruperto? Sa come la chiamano? La Sibilla del Reno... Non vorrei essere inopportuno, Sua Eccellenza Reverendissima, ma la storia del giovane scomunicato ha fatto il giro della valle. E non ne siamo usciti benissimo...

Insomma, l'arma del discredito e il potere del pettegolezzo hanno vinto. Il risultato è che l'interdetto è di nuovo caduto su di noi, niente Eucaristia, niente campane. E soprattutto, di nuovo Ildegarda malata, con così poche forze da non sembrare neppure più arrabbiata.

– Come posso fare, Clementia? – È stesa sul letto. Mi parla ma non mi guarda, ha gli occhi fissi al soffitto. Dice il mio nome ma sembra che parli da sola. – Che cosa posso fare? – ripete, e sembra un salmo lamentoso: l'invocazione che, per una volta, sia la soluzione a venire a lei.

– Non ho consigli da darti, sorella.

In realtà, le avrei suggerito di farla finita e acconsentire a esumare il corpo, ma sapevo che si sarebbe infuriata. Era un'ipotesi che non l'aveva mai sfiorata, e cedere non era un'opzione.

– Ghiberto che cosa ti ha detto?

– Niente. Si è preso del tempo per riflettere. – Tace qualche secondo. – Ma com'è possibile che l'arcivescovo si preoccupi sempre dell'osservanza della legge e si dimentichi della superiore giustizia che viene dalla fede? È uomo di Dio o uomo di altri uomini? – Un altro breve silenzio. – Io non sono venuto a chiamare i giusti, ma i peccatori.

– Sì, Ilde. Ma forse a questo punto ci capiranno se risponderemo con la loro lingua: non solo li lasceremo alle loro contorte indagini, ma li aiuteremo. Ghiberto li assisterà, e procurerà loro tutti i documenti necessari alla confutazione della loro tesi. Dimostreremo per loro stessa mano che il giovane ha chiesto e ricevuto perdono prima di spirare.

Ildegarda si era tirata su, appoggiandosi ai gomiti. Di colpo le era tornato quello sguardo vittorioso, quello del gatto che tiene un topo fra le zampe.

– Manda a chiamare Ghiberto, deve aiutarmi a scrivere, oggi stesso.

Esco dalla stanza di Ildegarda, fuori dalla porta siedono le due sorelle comandate di esser sempre presenti. Una di esse corre a chiamare il fratello. Mi rivolgo all'altra.

– Procuraci un sedile e quanto necessario per scrivere, in fretta. Poi manda a chiamare un messo, che sia qui prima dei vespri.

Ghiberto nei giorni seguenti esegue tutto quanto gli è stato chiesto. È una gran fatica, per lui, seguire i prelati nell'indagine, e nel frattempo cercare intercessioni presso il vescovo, a Roma. Alla fine, i documenti vengono consegnati.

Il messo con la risposta, questa volta siam certi che sarà definitiva, arriva presto, dopo pochi giorni. Tutti, nel monastero, temono che sia stata fatica inutile, ma è ancora più inutile agitarsi: così, ogni volta che ci troviamo nei pressi di Ildegarda, come per tacito accordo ci presentiamo armati di sorriso e pazienza. La sua salute è peggiorata negli ultimi mesi: dorme moltissimo, mangia sempre meno, sempre più di rado chiede di essere portata a pregare nella cappella. Comunque la chiesa non è mai vuota, in questo periodo: le sorelle pregano più spesso e più intensamente.

Insomma, il messo arriva, lo scorgo dalla finestra scendere dal cavallo, nessuno gli va incontro. Lo vedo scomparire oltre il portone del monastero. Mi siedo accanto al letto di Ildegarda, non le dico della visita, le parlo delle rose che fioriscono davanti alla chiesa. Si son tutte risvegliate, le sue preferite son quelle arancioni, che nascono da un grande cespuglio davanti alla cancellata. Appena si schiudono i fiori, da quando ho memoria, lei passa ogni mattina a odorarle.

– Lo senti, Clementia? Non è il profumo più buono del mondo?

E io, tutte le primavere, aspetto quel suo sorriso dal profumo arancione.

Sento dei passi veloci sulle scale.

– Madre!

Ghiberto arriva tenendo in alto un sottile rotolo di pergamena, che senza pudore ha già aperto. Lei si rizza a sedere con una forza che negli ultimi tempi non ha mai avuto.

– Magistra, è fatta. La conversione del giovane è stata confermata, la questione è chiusa!

Ildegarda afferra la lettera, la legge. Poi prende la mia mano, la stringe lentamente.

EPILOGO

Anno 1179 dall'Incarnazione di Cristo.

Io, Clementia di Bingen, avendo saputo che fratello Teodorico di Echternach si sarebbe recato presso di noi per ricevere istruzioni riguardo alla revisione e al completamento della *Vita di Ildegarda*, ho affidato personalmente alla sua sapienza questa mia memoria. Per tre giorni ho raccontato oralmente ed egli ha redatto, per iscritto su pergamena in vece mia, tutte le mie parole, queste incluse. Egli non ha conosciuto Ildegarda prima d'ora, e non ha vissuto di prima mano la sua straordinaria vita. Quindi gli ho dato malleva affinché di quanto ho raccontato possa fare l'uso che ritiene più consono all'opera cui è stato comandato. Sono una povera donna di nessuna conoscenza, ho dedicato tutta la mia esistenza alla preghiera e alla pratica dell'umiltà, e oggi sono così vecchia che mi aspetto ogni momento di essere chiamata al Padre, così come mia sorella, magistra, fonte di santità.

Ma ho vissuto in tempi interessanti: in questo angolo di impero, all'incrocio fra la Nahe e il Reno, abbiamo ricevuto grandi doni, la cui natura non è di essere posseduti né conservati. Il sudario non ha le tasche, e la memoria del bene che facciamo in vita è tutto ciò che possiamo avere per noi.

POSTFAZIONE

Ildegarda morì nel 1179. Di Clementia abbiamo perso le tracce. Ghiberto se ne andò da San Ruperto l'anno seguente, nel 1180. E, tornato a Villers, riprese il lavoro sulla biografia di San Martino che aveva abbandonato per seguire gli scritti di Ildegarda. Morì intorno al 1210.

Tra il 1180 e il 1190, il monaco Teodorico di Echternach completò la *Vita di Santa Ildegarda* cominciata da Goffredo di San Disibodo nel 1174.

Nel 1220 iniziò il percorso per la canonizzazione di Ildegarda. Fu lungo, controverso e pieno di intoppi. Le prime a occuparsene furono le monache di San Ruperto, che lottarono per ottenere un processo gestito dalla curia papale. Il 27 gennaio 1227, papa Gregorio IX accolse le richieste del monastero e fece cominciare le ricerche. Nelle epoche precedenti i santi venivano per lo più nominati per acclamazione popolare, mentre dalla seconda metà del XII secolo i processi di canonizzazione erano diventati più rigorosi, la notorietà in vita non era più argomento sufficiente e l'approvazione della Santa

Sede era diventata elemento imprescindibile per il culto.

Nel caso di Ildegarda, il 16 dicembre 1233, sei anni dopo l'apertura del processo, i documenti arrivarono a Roma ma non superarono l'esame approfondito dei cardinali della curia e del papa, e vennero rigettati come inadeguati: mancavano dettagli specifici sui miracoli (date, luoghi, testimoni e identità delle persone guarite). Inoltre a San Ruperto erano rimaste opere come *Causae et curae* e *Physica*, complice probabilmente un certo sospetto da parte dei prelati nel prendere in esame la concezione naturalistica che Ildegarda aveva del mondo, centrata su un'idea dell'uomo e del suo corpo come parte integrante dell'universo; per non dire dell'insieme di precetti per conservare la salute e di rimedi pratici per le malattie, a volte molto fantasiosi; stesso destino, l'indifferenza, toccò alle opere musicali, che rimarranno sepolte per secoli.

Il 6 maggio 1237 venne nominata una seconda commissione, anch'essa inconcludente: nel 1243, il papa regnante, Innocenzo IV, dovette chiedere a che punto era la procedura perché non aveva ricevuto alcuna relazione dai commissari.

Il 26 agosto 1326 venne consentito il "culto pubblico solenne" di Ildegarda, grazie a un'indulgenza emanata da papa Giovanni XXII: è il primo documento pontificio che parla di Ildegarda come "santa".

Nel XV secolo, Ildegarda venne inserita nel Martirologio Romano, il catalogo dei santi della Chiesa Cattolica: è ricordata il 17 settembre.

Nel 1632, il monastero di San Ruperto venne distrutto dagli svedesi durante la Guerra dei Trent'anni. Le monache si rifugiarono a Eibingen, portando con loro il reliquiario di Ildegarda.

Nel 1802, il monastero di Eibingen venne chiuso a causa della secolarizzazione, quando i territori di proprietà ecclesiastica a destra del Reno vennero confiscati dal potere imperiale e redistribuiti per compensare la perdita dei territori fino alla riva sinistra del fiume, caduti in mano francese in seguito alle guerre rivoluzionarie e al Trattato di Campoformio (1797), confermato dalla pace di Luneville (1801). Nel 1831 l'ormai ex chiesa monastica divenne la chiesa parrocchiale di Eibingen: qui si trovano oggi i resti di Ildegarda.

Il 17 settembre 1904 le monache benedettine dell'abbazia di San Gabriele, a Praga, si trasferirono nella nuova abbazia di Santa Ildegarda, sorta sulle fondamenta dell'antico sito di Eibingen. Nel 1920 cominciarono le ricerche sugli scritti di Ilde, che porteranno alla pubblicazione delle edizioni critiche dell'intero lavoro della santa, tra il 1978 e il 2010.

Il 10 maggio 2010 Benedetto XVI ha firmato il decreto di "canonizzazione equipollente": questa forma consente che un servo di Dio, che si trovi nel possesso antico del culto, e sulle cui virtù eroiche, o martirio, o miracoli sia costante la comune dichiarazione di storici degni di fede, venga onorato nella Chiesa universale con la recita dell'ufficio e la celebrazione eucaristica in qualche giorno particolare, senza alcuna sentenza formale definitiva, senza aver premesso alcun processo giuridico e senza aver compiuto le consuete cerimonie.

Oltre ai tre papi, Gregorio IX, Innocenzo IV e Giovanni XXII, che avevano intenzione di procedere alla canonizzazione di Ildegarda, anche Clemente XIII, Pio XII e Giovanni Paolo II la nominarono con l'appellativo di "santa", confermando la sua fama.

Il 27 maggio 2012, il Sommo Pontefice, in occasione della recita del Regina Caeli della domenica di Pentecoste in Piazza San Pietro, ha annunciato che il 7 ottobre 2012 le sarebbe stato conferito il titolo di Dottore della Chiesa, estendendo alla Chiesa Universale il culto liturgico della Santa. La cerimonia di proclamazione è avvenuta durante l'apertura dell'Assemblea Generale ordinaria del Sinodo dei Vescovi per la Nuova Evangelizzazione e alla vigilia dell'Anno della Fede.

NOTA BIOGRAFICA

Ildegarda di Bingen nacque nel 1098 in Renania, ultima di dieci fratelli di una famiglia aristocratica. A otto anni entrò nell'abbazia benedettina di San Disibodo e giovanissima prese i voti.

Quasi quarantenne si trasferì nel monastero di Bingen, da lei fondato, e poco tempo dopo fece costruire quello di Eibingen, tuttora visitabile e dove sono conservati gli affreschi che raccontano le tappe fondamentali della sua vita. Fu una donna anticonformista e geniale, alla tradizionale vita monastica preferì la predicazione fuori dalle mura del convento.

Scrisse molti testi di teologia, musica, medicina, poesia, cosmologia, storia naturale, e fu consigliera di personaggi come Bernardo da Chiaravalle e Federico Barbarossa. Ma l'opera che la rese celebre fu il manoscritto dal titolo *Scivias*, nel quale raccontò le numerose visioni apocalittiche che ebbe sin da bambina.

Morì il 17 settembre del 1179, e da quel momento la sua tomba è stata meta di pellegrinaggi.

L'itinerario per la sua canonizzazione, avviato da papa Gregorio IX poco dopo la sua scomparsa, è stato portato a termine soltanto nel 2012 da papa Benedetto XVI.

INDICE

Stampa: Elcograf - Cles (TN)